Am 18. Mai 1848 trat die Deutsche Nationalversammlung in der Frankfurter Paulskirche zusammen. Ihre Aufgabe bestand darin, eine freiheitliche Verfassung zu entwerfen und einen Nationalstaat zu begründen. Deutschland war bislang in eine Vielzahl von Staaten zersplittert, beherrscht vom repressiven »System Metternich«. Ein Jahr später hatte man die Verfassung fertiggestellt, doch die Revolution war gescheitert, an äußeren Widerständen wie an inneren Widersprüchen. Dennoch blieb 1848 nicht ohne Wirkung auf die deutsche Geschichte. Insbesondere markiert die Revolution den Beginn des Bemühens, Nationalstaat und Verfassung, Einheit und Freiheit auch für die Deutschen dauerhaft zu etablieren – ein Ziel, das erst mit der Vereinigung im Jahre 1990 erreicht zu sein scheint.

Die Chronik von 1848 zeichnet den Gang der Ereignisse nach: Märzrevolution, Hecker-Aufstand, Zusammentreten der Paulskirche, Septemberunruhen, Gegenrevolution in Österreich und Preußen, Verabschiedung der Grundrechte und der Reichsverfassung, Ablehnung der Kaiserkrone, Auflösung des Parlaments, Reichsverfassungskampagne. Sie dient der übersichtlichen Information über die Hauptdaten 1848 bis 1849 und versteht sich zugleich als eine kleine Geschichte der Revolution.

insel taschenbuch 2214

1848
Chronik einer deutschen Revolution

1848

Chronik einer deutschen Revolution

Von Ulrich Speck

Mit zahlreichen Abbildungen

Insel Verlag

insel taschenbuch 2214
Erste Auflage 1998
Erstausgabe

Vertrieb durch den Suhrkamp Taschenbuch Verlag
Umschlag nach Entwürfen von Willy Fleckhaus
Satz: Bibliomania GmbH, Frankfurt am Main
Druck: Nomos Verlagsgesellschaft, Baden-Baden
Printed in Germany

2 3 4 5 6 – 03 02 01 00 99 98

1848
Chronik einer deutschen Revolution

Vorwort

Wie der Geschichtsschreiber, so sieht sich auch der Verfasser einer Chronik gezwungen, aus der überbordenden Fülle der Überlieferung eine Auswahl zu treffen – und ist dazu verpflichtet, diese Auswahl zu erläutern. Für die Chronik der Revolution von 1848/49 wurden solche Ereignisse ausgewählt, die für den Gesamtverlauf der Revolution bedeutsam erscheinen, bedeutsam im Sinne jener Kausalkette, welche die Einzelmomente miteinander verknüpft, im Bewußtsein der handelnden Zeitgenossen und in der Rekonstruktion der Historiker.

Welches sind die zentralen Stränge der Revolution, an denen sich die vorliegende Chronik orientiert? Das ist zunächst die Märzrevolution: eine Fülle von Versammlungen, Petitionen und Unruhen, vor deren geballter Gewalt die eingeschüchterten alten Mächte zurückweichen. In der Folge konzentriert sich das Geschehen auf drei Hauptlinien. Zum einen die Entwicklung in Frankfurt, Sitz des Deutschen Bundestags und bald Hauptstadt der Revolution; hier tagen Vorparlament und Nationalversammlung, hier residiert die von der Paulskirche eingesetzte Provisorische Zentralgewalt. Auf Frankfurt richten sich Hoffnungen wie Befürchtungen der politisierten Zeitgenossen, mit dem Schicksal der Paulskirche steht und fällt das Projekt der deutschen Einheit in freiheitlicher Ordnung. Sodann die Ereignisse in Wien, wo Revolution und Gegenrevolution sich am entschiedensten formieren und am heftigsten aufeinanderprallen, mit bedeutsamen Konsequenzen: die Niederschlagung der Wiener Revolution im Oktober 1848 leitet auch in Preußen die Gegenrevolution ein und bereitet den großdeutschen Träumen der Paulskirche ein unsanftes Ende. Schließlich Berlin, ebenfalls Schauplatz harter Konfrontationen und Residenz eines Königs, von dessen Entscheidungen sich die Paulskirche immer abhängiger macht. In Berlin wird das Schicksal der Revolution besiegelt: mit der Ablehnung der Kaiserkrone durch den lange zögernden Friedrich Wilhelm IV. und mit seinem Entschluß, die Revolution nicht nur in Preußen, sondern auch in anderen deutschen Staaten militärisch niederzuschlagen. Neben diese drei eng miteinander verflochtenen Hauptstränge – Frankfurt, Wien, Berlin – tritt immer wieder der Blick in die vielen mittleren und kleinen deutschen Staaten. Wenngleich hier die Entwicklung nicht detailliert nachvollzogen werden kann, so lenken doch die verschiedenen Aufstandsbewegungen die Aufmerksamkeit in die räumliche Breite, von der Märzrevolution über die Septemberunruhen bis zum gewaltsamen, vergeblichen Kampf um die Anerkennung der Reichsverfassung, der von Mai bis Juli 1849 andauert.

Ulrich Speck
Frankfurt am Main,
den 15. Dezember 1997

1848

22.-24. Februar: In Paris kommt es zu Barrikadenkämpfen zwischen der Armee und einem Bündnis aus Studenten, Handwerkern und Arbeitern sowie der Nationalgarde. Die Februarrevolution triumphiert über die vom Großbürgertum getragene Julimonarchie, der »Bürgerkönig« Louis Philippe dankt ab und flieht nach England. Eine provisorische Regierung wird eingesetzt, die sich zur sozialen Republik bekennt.

27. Februar: Die Nachricht von den Pariser Ereignissen wirkt als Zündfunke, der auch in Deutschland eine Revolution auslöst. In Mannheim findet eine Volksversammlung mit etwa 2.500 Teilnehmern statt, an der sich prominente Vertreter der badischen Opposition beteiligen, Demokraten wie Gustav v. Struve und Johann Adam v. Itzstein, Liberale wie Karl Mathy und Friedrich Daniel Bassermann. Die Versammlung verabschiedet eine von Struve entworfene Petition an die badische Regierung in Karlsruhe, die vier konkrete Forderungen enthält: 1. Volksbewaffnung mit freier Wahl der Offiziere, 2. unbedingte Preßfreiheit, 3. die Einführung von Schwurgerichten nach dem Vorbild Englands und 4. die sofortige Herstellung eines deutschen Parlaments.

Rasch verbreiten sich, in Flugblättern und Zeitungsberichten, die Mannheimer Forderungen. Von Nordbaden aus in immer weitere Regionen ausstrahlend, wird die Mannheimer Petition zum Kern der revolutionären »Märzforderungen«, die in den nächsten Wochen überall in Deutschland erhoben werden.

28. Februar: Auch im Großherzogtum Hessen-Darmstadt beginnt die Petitionsbewegung früh. Im traditionell unruhigen Mainz verabschiedet eine Versammlung, unter Führung des radikalen Landtagsabgeordneten Franz Zitz, eine Adresse an die Zweite Kammer, die sich an der Mannheimer Petition vom Vortag orientiert. Dem Mainzer Vorbild schließen sich in den Folgetagen weitere Städte der Rhein-Main-Region an.

29. Februar: Die badische Regierung reagiert unmittelbar auf die wachsende Unruhe im Land: In der Zweiten Kammer des Landtags kündigt der gemäßigt-liberale Ministerpräsident Johann Baptist Bekk die Bewilligung von Pressefreiheit, Geschworenengerichten und Bürgerbewaffnung an.

Im Königreich Württemberg erhebt der Ständische Ausschuß des Landtags Reformforderungen: Pressefreiheit, Versammlungsfreiheit, Volksbewaffnung, die Ablösung der feudalen Grundlasten und die Reform des Deutschen Bundes.

1. März: Im Großherzogtum Baden kommt die Märzbewegung zu einem ersten Höhepunkt. Etwa 3.000 Demonstranten, die schwarz-rot-goldene Kokarde tragend, finden sich in der Haupt- und Residenzstadt Karlsruhe ein, um die Mannheimer Forderungen der Zweiten Kammer des Landtags zu übergeben. In der Kammer verkündet Ministerpräsident Bekk die Pressefreiheit. Beflügelt von der Massendemonstration, versucht der radikale Abgeordnete Friedrich Hecker, unmittelbar eine Reihe von Beschlüssen fassen zu lassen. Neben die konstitutionell-liberale tritt hier bereits die sozio-ökonomische Reform: Aufhebung der Feudallasten, Einführung einer progressiven Einkommenssteuer und Behebung des Mißverhältnisses zwischen Kapital und Arbeit. Dem gemäßigten Liberalen Karl Mathy gelingt es jedoch, die Beschlußfassung über Heckers Antrag vertagen zu lassen.

Die Leipziger Stadtverordneten beschließen, auf Antrag des Liberalen Karl Biedermann, eine Petition an den sächsischen König Friedrich August II. Gefordert werden die Aufhebung der Ausnahmegesetze des Deutschen Bundes, die Pressefreiheit und die Einberufung einer deutschen Nationalversammlung in Frankfurt, am Sitz des Deutschen Bundes. Auch die Leipziger Demokraten um Robert Blum schließen sich der moderaten Bittschrift an.

2. März: In Baden fordert die Zweite Kammer des Landtags, angelehnt an Friedrich Heckers Antrag vom

Vortag, die Regierung zu weitgehenden Reformen auf. Gefordert werden die Aufhebung der Geltung der sogenannten Repressionsgesetze des Deutschen Bundes (Karlsbader Beschlüsse von 1819, Frankfurter Beschlüsse von 1832, Beschlüsse der Wiener Konferenzen von 1834), die Vereidigung von Staatsbürgern und Militär auf die Verfassung, die Gleichberechtigung der Konfessionen, die Einführung der Ministerverantwortlichkeit, der Wegfall der ministeriellen Genehmigung bei Klagen gegen die Verwaltung, die Beseitigung der »Reste des Feudalwesens« (insbesondere Jagdregal, Bürger-Einkaufsgelder und Abzugssteuer der Standes- und Grundherren), die gerechtere Verteilung der Staats- und Gemeindelasten, die Förderung des Gewerbes und der »einfachen Arbeit«, die Aufhebung der privilegierten Gerichtsstände, die unabhängige Stellung der Richter, die Beteiligung der Bürger an der Kreisverwaltung, das Hinwirken auf eine Volksvertretung beim Frankfurter Bundestag, die Besetzung des badischen Ministeriums und der Bundesgesandtschaft mit Männern, die das Vertrauen des Volkes besitzen.

In Wiesbaden werden, auf einer Volksversammlung mit etwa 4.000 Teilnehmern, die »Forderungen der Nassauer« beschlossen. Im einzelnen sind dies Volksbewaffnung, Pressefreiheit, Einberufung eines deutschen Parlaments, Vereidigung des Militärs auf die Verfassung, Recht der freien Vereinigung, Einführung des öffentlichen und mündlichen Verfahrens mit Schwurgerichten, Erklärung der herzoglichen Domänen zu Staatseigentum, Einberufung der Zweiten

Kammer zur Verabschiedung des allgemeinen Wahlrechts und Religionsfreiheit. Die Regierung des Herzogtums Nassau weicht zurück und bewilligt sogleich die Volksbewaffnung, die Pressefreiheit und die Einberufung der Zweiten Kammer.

Im württembergischen Tübingen verabschiedet eine Volksversammlung eine Adresse, in der die Mannheimer Petition um landesspezifische Anliegen ergänzt wird. Gefordert werden Volksbewaffnung, Pressefreiheit, die Einführung von Schwurgerichten, die Einberufung eines nationalen Parlaments, die Gewährung von Vereins- und Versammlungsfreiheit, die Einführung von Öffentlichkeit und Mündlichkeit in der Rechtspflege, die Revision der württembergischen Verfassung und eine größere Selbständigkeit der Gemeinden und Bezirkskörperschaften.

Eine ähnliche Petition wird auch in der württembergischen Landeshauptstadt Stuttgart beschlossen.

König Wilhelm I. von Württemberg ist bemüht, der sich formierenden Märzbewegung sogleich den Wind aus den Segeln zu nehmen, indem er gewisse Zugeständnisse macht. Er hebt sofort die Zensur auf, verspricht Volksbewaffnung und Versammlungsfreiheit und sichert zu, sich für die Einheit Deutschlands einzusetzen. Dennoch hält die Unruhe im Lande an.

Auch im bayerisch-fränkischen Nürnberg werden, nach Mannheimer Vorbild, auf einer Volksversammlung die Märzforderungen erhoben.

3. März: Der Frankfurter Bundestag – ein ständiger Gesandtenkongreß der deutschen Einzelstaaten, bislang Organ der repressiven Politik Österreichs und Preußens (»System Metternich«) – verläßt seine harte Linie und beschließt, eine Kernforderung der Märzbewegung zu gewähren: von nun ab stehe es jedem Bundesstaat frei, die Pressezensur aufzuheben.

In der Freien Stadt Frankfurt verabschiedet eine Volksversammlung mit über 2.000 Teilnehmern eine liberal-konstitutionelle Petition an den Senat. Gefordert werden Volksbewaffnung, Einführung von Schwurgerichten, Pressefreiheit, Vereinsfreiheit, Volksvertretung am Deutschen Bund, Aufhebung der seit 1819 erlassenen Ausnahmegesetze des Bundes, Amnestie für politische Vergehen und – von erheblicher Sprengkraft für die exklusive Frankfurter Bürgerherrschaft – die Einführung der staatsbürgerlichen Gleichheit, ohne Rücksicht auf die Konfession.

Im rheinpreußischen Köln melden sich nun auch die Radikalen zu Wort. Vor dem Rathaus organisieren Kölner Kommunisten eine Versammlung mit etwa 2.000 Teilnehmern, mehrheitlich Handwerker und Arbeiter. Die Beschlüsse der Versammlung gehen weit über die üblichen konstitutionell-liberalen Märzforderungen hinaus, sie enthalten sozialstaatliche Programmpunkte wie Schutz der Arbeit, Sicherung der »menschlichen Bedürfnisse für alle« und »Erziehung aller Kinder auf öffentliche Kosten«. Die Versammlung wird durch Militär aufgelöst, die Wortführer vorübergehend verhaftet.

Im Herzogtum Braunschweig macht sich der Bürgerverein der Stadt Braunschweig zum Sprachrohr der konstitutionellen Märzforderungen. Die Forderungen seiner Petition lauten Pressefreiheit, Volksbewaffnung, Öffentlichkeit und Mündlichkeit der Rechtsprechung, Einführung von Schwurgerichten, Vertretung der Nation beim Deutschen Bund und deutsche Zolleinigung.

Der sächsische König Friedrich August II. lehnt die gemäßigt-liberalen Forderungen der Leipziger Petition vom 1. März ab. Dem Führer der Demokraten, Robert Blum, gelingt es, die daraufhin in Leipzig ausbrechende Empörung zu beruhigen; man beschließt die Entsendung einer weiteren Deputation in die Residenzstadt Dresden.

In München übergibt eine Bürgerdeputation König Ludwig I. eine konstitutionell-liberale Adresse mit etwa 10.000 Unterschriften. Gefordert werden Ministerverantwortlichkeit, Pressefreiheit, öffentliches und mündliches Gerichtsverfahren, Volksvertretung am Bundestag, Vereidigung des Militärs auf die Verfassung, neues Polizeigesetz, freieres Wahlgesetz und die Entlassung des Innenministers von Berks. Der König erklärt daraufhin, er werde von Berks beurlauben und den bayerischen Landtag bereits auf den 31. März einberufen; diese Zugeständnisse werden jedoch allgemein als nicht ausreichend angesehen.

Das Startsignal für die Märzbewegung in Österreich gibt Ludwig Kossuth. Auf dem in Preßburg tagenden ungarischen Landtag entwickelt er ein Reformprogramm, das auf den Umbau der Habsburgermonarchie in einen föderalistisch gegliederten Verfassungsstaat zielt. Das »Bureau« – die Beamtenschaft – und das »Bajonett« – das Militär – bildeten ein bloß »elendes Bindemittel« für den österreichischen Gesamtstaat. Eine echte »Verbrüderung der verschiedenen Völker der Monarchie« bedürfe hingegen der »Achtung der bestehenden Nationalitäten«, dies jedoch könne »nur der Kitt der Konstitutionalität zu Stande bringen«.

4. März: Im Herzogtum Nassau spitzt sich die Lage zu. Etwa 30.000 Demonstranten, größtenteils aus dem Rheingau und dem Maingebiet, sind in die Hauptstadt Wiesbaden gekommen. Man erhebt die üblichen konstitutionellen Märzforderungen: Volksbewaffnung, Vereidigung des Militärs auf die Verfassung, Einberufung einer deutschen Volksvertretung, Einberufung der nassauischen Stände zur Verabschiedung des allgemeinen und gleichen Wahlrechts, Pressefreiheit, Vereinsfreiheit, Religionsfreiheit, Öffentlichkeit und Mündlichkeit des Strafverfahrens. Das Hauptanliegen der vorwiegend bäuerlichen Demonstranten aber ist die Lösung eines zentralen vormärzlichen Konflikts: die Erklärung der umfangreichen landesherrlichen Domänen zu Staatseigentum; auch die Forderung nach deren Verteilung an die Bevölkerung wird erhoben. Die Spannung in der Stadt wächst, Rufe nach Einführung der Republik werden laut. Die neu gebildete Bürgergarde (»Sicherheits-Comité«) vermag gewalttätige Ausschreitungen zu verhindern. Als schließlich Herzog

Adolph vom Schloßbalkon die Gewährung aller Forderungen verkündet, machen sich die Demonstranten befriedigt auf den Heimweg.

Auch in München kommen die Unruhen zum Höhepunkt. Hier verbindet sich die Märzbewegung mit dem Konflikt über die Mätresse von Ludwig I., Lola Montez, zu deren Ausweisung sich der König im Februar auf öffentlichen Druck hin gezwungen sah. Unzufrieden mit den Zugeständnissen des Vortags, stürmen etwa 10.000 Demonstranten das Zeughaus und bemächtigen sich der dort aufbewahrten Waffen. Die drohende Auseinandersetzung mit dem bereitstehenden Militär wird jedoch im letzten Moment verhindert: Als die Nachricht eintrifft, der König gewähre die Einberufung der Stände bereits zum 16. März, geben sich die Aufständischen zufrieden und liefern die Waffen wieder ab.

In Hessen-Darmstadt verkündet Großherzog Ludwig II., von der wachsenden Unruhe im Land unter Druck gesetzt, eine Reihe von Zugeständnissen, insbesondere die Pressefreiheit, die Einrichtung von Bürgergarden in den Städten, die Einführung von Geschworenengerichten sowie die Öffentlichkeit und Mündlichkeit des Gerichtsverfahrens.

Der badische Großherzog Leopold erklärt, die am 2. März von der Zweiten Kammer zum Beschluß erhobenen Märzforderungen anzuerkennen und entsprechende Maßnahmen einzuleiten.

Erstürmung des Zeughauses in München, 4. März 1848

Im rheinpreußischen Köln werden nun, einen Tag nach den radikalen, auch die liberal-konstitutionellen Märzforderungen erhoben. Im einzelnen sind dies die Einführung einer Repräsentativverfassung in Preußen, die Ministerverantwortlichkeit, das allgemeine Wahlrecht, die Freiheit der Rede und der Presse, die Versammlungsfreiheit, die Verminderung des stehenden Heeres, die Gleichberechtigung der Konfessionen und die Einberufung eines deutschen Parlaments. Im Rheinland und in Westfalen schließt man sich in den folgenden Tagen vielerorts dem Kölner Beispiel an.

In Wien veröffentlichen Mitglieder des bildungsbürgerlichen »Juridisch-politischen Lesevereins«, die sich als »Fortschrittspartei« bezeichnen, ein konstitutionell-liberales Reformprogramm. Gefordert werden die Reform von Staatsverwaltung und Provinzialständen, die Einberufung eines Vereinigten Landtags für die Gesamtmonarchie, die Einführung des öffentlichen und mündlichen Gerichtsverfahrens, die Aufhebung der Zensur, das Petitionsrecht, die Gleichheit der Konfessionen, die Verbesserung des Schulwesens, die »Beschränkung der Polizeiwillkür«, die persönliche Freiheit und schließlich die allgemeine Volksbewaffnung, »damit der Staat gegen Unruhen und Volksaufläufe im Innern und gegen den Feind nach Außen geschützt sei«.

5. März: Im badischen Heidelberg versammeln sich, auf Einladung von Johann Adam v. Itzstein, 51 liberale und demokratische Wortführer der Märzbewegung. Bis auf drei Rheinpreußen und einen Österreicher kommen alle Teilnehmer aus den mittleren und kleineren Staaten Süd- und Südwestdeutschlands. Das Hauptziel der »Heidelberger Versammlung« besteht darin, durch die Vorbereitung einer gesamtdeutschen Nationalversammlung die nationale Dimension der Revolution voranzutreiben.

Allerdings brechen sogleich Gegensätze zwischen Liberalen und Demokraten auf. Die gemäßigten Liberalen – darunter Friedrich Daniel Bassermann, Heinrich v. Gagern, David Hansemann und Karl Theodor Welcker – sind bestrebt, die Revolution möglichst schnell zu beenden. Entsprechend ihrer konstitutionell-monarchischen Haltung plädieren sie für ein deutsches Kaisertum, das in Zusammenarbeit mit den einzelstaatlichen Regierungen auf den Weg gebracht werden soll. Die Demokraten hingegen – unter anderen Friedrich Hecker, Johann Adam v. Itzstein und Gustav v. Struve – setzen auf den Fortgang revolutionärer Umwälzungen bis hin zur Republik. Zu diesem Zweck wollen sie eine revolutionäre Regierung, einen Vollzugsausschuß einsetzen.

Der schmale gemeinsame Nenner von Liberalen und Demokraten findet seinen Ausdruck in einer abschließenden Erklärung, die die inhaltlichen Streitpunkte außer acht läßt und sich auf die Maßnahmen zur Vorbereitung einer Nationalversammlung beschränkt: »Die Versammlung einer in allen deutschen Ländern nach der Volkszahl gewählten Nationalvertretung ist unaufschiebbar, sowohl zur Beseitigung der nächsten inneren und äußeren Gefahren wie zur Entwicklung der Kraft und Blüte deutschen Nationallebens.« Schon bald soll eine »vollständigere Versammlung von Vertrauensmännern aller deutschen Volksstämme« in Frankfurt, am Sitz des Deutschen Bundes, zusammenkommen, um Wahl und Zusammenkunft des nationalen Parlaments im einzelnen vorzubereiten und »dem Vaterlande wie den Regierungen ihre Mitwirkung anzubieten«. Zur Organisation dieses »Vorparlaments« setzt die Heidelberger Versammlung einen »Siebenerausschuß« ein.

In Hessen-Darmstadt dauert die Unruhe an. Die Zugeständnisse vom Vortag werden als ungenügend angesehen, in Mainz wird ein Sternmarsch in die Residenz vorbereitet. Angesichts dessen kapituliert Großherzog Ludwig II. schließlich: er erklärt seinen populären Sohn Ludwig zum Mitregenten und entläßt den verhaßten Minister du Thil. Das neue Ministerium wird von dem prominenten Liberalen Heinrich v. Gagern gebildet, der nicht nur den Vorsitz, sondern auch das Innen- und das Außenministerium übernimmt.

Friedrich Wilhelm I., der Kurfürst von Hessen-Kassel, weist eine Deputation Kasseler Bürger ab; daraufhin wächst der Unmut im Lande weiter an.

6. März: In München macht König Ludwig I., unter dem Druck landesweiter Unruhe, weitgehende Zugeständnisse an die Märzbewegung. Er bestätigt die am

4. März versprochene Einberufung der Stände für den 16. März und kündigt Gesetzesvorlagen zu einer Reihe von Forderungen an: Ministerverantwortlichkeit, vollständige Pressefreiheit, neues Wahlgesetz für die Stände, Einführung der Öffentlichkeit und Mündlichkeit des Gerichtsverfahrens und von Schwurgerichten, Reform des Staatsdienstes und »Verbesserung der Verhältnisse der Israeliten«. Als Sofortmaßnahmen hebt er die Zensur auf und ordnet die Beeidigung des Militärs auf die Verfassung an. Auf die königliche Proklamation hin findet in München eine Jubelkundgebung statt; auch in anderen Städten Bayerns wird der Sieg mit Illuminationen und Fackelzügen gefeiert.

In Hessen-Darmstadt, wo der Großherzog bereits am Vortag angesichts wachsender Unruhe erste Zugeständnisse gemacht hat, wird nun die Erfüllung der Märzforderungen angekündigt. Im einzelnen sind dies Pressefreiheit, allgemeine Volksbewaffnung durch Bildung von Bürgerwehren, Eid des Militärs auf die Verfassung, Petitionsfreiheit, Versammlungsfreiheit, unbeschränkte Religionsfreiheit und Aufhebung des Polizeistrafgesetzbuches.

Nach den westlichen Provinzen Preußens – Rheinland und Westfalen – erfaßt die Märzrevolution nun die östlichen Landesteile. Im schlesischen Breslau werden Unruhen, entstanden im Zusammenhang mit der Aufhebung der Stadtverordnetenversammlung, mit Militäreinsatz beendet.

Auch in der Haupt- und Residenzstadt Berlin formiert sich die Märzbewegung, es findet die erste abendliche Volksversammlung im Tiergarten (in den »Zelten«) statt. Das Zugeständnis von Friedrich Wilhelm IV., die Periodizität des Vereinigten Landtags zu bewilligen, vermag die anwachsende Unruhe nicht mehr zu besänftigen.

In Hannover werden die Märzforderungen König Ernst August übergeben. Als dieser sie brüsk zurückweist, wächst der Unmut im Lande.

Der sächsische König entläßt, als Zugeständnis an die Märzbewegung, den verhaßten Innenminister Johann Paul Freiherr von Falkenstein.

In Wien beschließt der niederösterreichische Gewerbeverein eine Adresse, die der Regierung – als Antwort auf die Wirtschafts- und Finanzkrise – eine liberale, bürgernahe Reformpolitik und einen engeren Anschluß an das gemeinsame deutsche Vaterland empfiehlt.

7. März: In Berlin verabschiedet die zweite der abendlichen Volksversammlungen im Tiergarten (in den »Zelten«) mit etwa 600 Teilnehmern die Märzforderungen. Gefordert werden Pressefreiheit, Redefreiheit, Amnestie für politisch Verfolgte, Versammlungs- und Vereinigungsrecht, politische Gleichberechtigung unabhängig von Konfession und Besitz, Einführung von Geschworenengerichten, Unabhängigkeit der Richter, Verminderung des stehenden Heeres, Volksbewaffnung, Einberufung einer gesamtdeutschen Volksvertretung, schleunige Einberufung des Vereinigten Landtags. Die Mehrheit der Versammlung lehnt es ab, über diese konstitutionellen Forderungen hinaus das Recht auf Arbeit in die Petition aufzunehmen. König Friedrich Wilhelm IV. weigert sich, die Petition entgegenzunehmen.

Kurfürst Friedrich Wilhelm I. von Hessen-Kassel sieht sich zu ersten Zugeständnissen an die wachsende Unruhe im Land gezwungen, er hebt die Zensur und das Verbot der Deutsch-Katholiken auf. Dies wird jedoch allgemein als völlig unzureichend angesehen.

8. März: Der Frankfurter Bundestag, seit Anfang März bemüht, die Märzrevolution durch Entgegenkommen zu befrieden, erkennt die Notwendigkeit einer »Revision der Bundesverfassung auf wahrhaft zeitgemäßer und nationaler Grundlage« an.

Im Kurfürstentum Hessen-Kassel wächst die Unruhe weiter an. Hanau steht an der Spitze der Bewegung, hier haben sich drei bewaffnete Freikorps gebildet, der Turnverein, das Arbeiterfreikorps und das bürgerliche Schützenfreikorps. Unzufrieden mit den Bewilligungen vom Vortag, wählt eine Versammlung auf dem Marktplatz eine »Volkskommission« mit 24 Mitgliedern, vorwiegend Demokraten und Republikaner, aber auch Vertreter des gehobenen liberalen Bürgertums.

In der Freien Stadt Bremen bewilligt der Senat, bedrängt von wachsender Unruhe, alle Forderungen: Öffentlichkeit und Mündlichkeit der Gerichtsverhandlungen, Trennung von Justiz und Verwaltung, Einrichtung von Geschworenengerichten und das Eintreten für ein nationales Parlament.

9. März: Der Frankfurter Bundestag kommt nun auch in der Frage der Staatssymbolik der Märzbewegung entgegen. Die »Kraft Deutschlands« beruhe »wesentlich auf dem Bewußtsein seiner Einheit«, dieses Bewußtsein bedürfe aber, »damit es der Nation lebendig und klar vorschwebe, äußerer Symbole«. Der alte deutsche Reichsadler wird offiziell zum Bundeswappen, die – bisher verbotenen – Farben Schwarz-Rot-Gold zu den Bundesfarben.

Im Großherzogtum Baden wird der Sieg der Märzbewegung durch die Auswechslung von Ministern und weiteren hohen Amtsträgern bestätigt. Neuer Ministerpräsident und Finanzminister wird Karl Georg Hoffmann, sein Vorgänger, der gleichfalls dem gemäßigten Liberalismus zuzurechnende Johann Baptist Bekk, bleibt jedoch Innenminister. Der prominente Liberale Karl Theodor Welcker wird badischer Gesandter am Frankfurter Bundestag.

Auch in Württemberg sieht sich der widerstrebende König zur Berufung eines liberalen Ministeriums gezwungen, angesichts der wachsenden Versammlungs- und Petitionsbewegung und der Bauernunruhen. Der Führer der liberalen Opposition, Friedrich Römer, wird Justizminister, Gustav Duvernoy Innenminister und Paul Achatius Pfizer Kultusminister. Die neue Regierung schlägt einen entschlossenen Reformkurs ein.

In Hessen-Kassel spitzt sich der Konflikt zwischen dem aufständischen Hanau und dem reformunwilligen Kurfürsten zu. Die Hanauer »Volkskommission«, am Vortag gewählt, sendet ein Ultimatum in die Kasseler Residenz, in welchem die Stadt mit dem Anschluß an das Großherzogtum Hessen-Darmstadt droht, wo sich die Märzbewegung bereits durchgesetzt hat. Der Kurfürst wird aufgefordert, innerhalb von drei Tagen ein liberal-konstitutionelles Reformprogramm in die Wege zu leiten. Dieses beinhaltet die Besetzung aller Ministerien mit »Männern, welche das Vertrauen des Volkes genießen«, die Neuwahl der Ständeversammlung, die Gewährung der vollständigen Pressefreiheit, die Amnestie für politische Vergehen, die Religions- und Gewissensfreiheit, das Hinwirken auf die Bildung einer Volksvertretung beim Deutschen Bund und die Aufhebung der Repressionsgesetze des Bundes.

Der sächsische König bewilligt, angesichts der wachsenden Unruhe im Land, die Aufhebung der Zensur und beruft den Landtag auf den 20. März ein.

Eine Wiener »Bürgerpetition« mit mehreren tausend Unterschriften – vor allem aus dem gehobenen Wirtschaftsbürgertum – mahnt gemäßigt-liberale Reformen im österreichischen Kaiserstaat an: die Veröffentlichung des Staatshaushalts; die Einberufung einer Volksvertretung der Gesamtmonarchie mit Recht der Steuerbewilligung, der Kontrolle des Finanzhaushalts und der Beteiligung an der Gesetzgebung; ein freiheitliches Pressegesetz; die Öffentlichkeit in der

Rechtspflege und in der Verwaltung; die Reform der Gemeindeverfassung.

10. März: Der Bundestag fährt mit seinem Reformkurs fort. Er beschließt die Einsetzung eines »Siebzehnerausschusses« zur »Revision der Bundesverfassung auf wahrhaft zeitgemäßer und nationaler Basis«. Jeder der 17 Staaten, die im Engeren Rat des Bundestages vertreten sind, wird aufgefordert, hierfür einen Mann des »allgemeinen Vertrauens« zu bestimmen.

In der Standesherrschaft des Fürsten Leiningen kommt der gegen Adel und Juden gerichtete südwestdeutsche Bauernaufstand, sich seit Anfang März von Odenwald und Schwarzwald her ausbreitend, zu einem Höhepunkt. Bedrängt von über 1.000 bewaffneten Bauern, verzichtet Leiningen auf seine Feudalrechte.

Die badische Regierung veröffentlicht einen Gesetzentwurf über die Aufhebung und Ablösung der Feudalrechte, welcher der Zweiten Kammer des Landtags vorgelegt wird. In Verbindung mit der Entsendung von Militär in die aufständischen Gebiete führt dies zum Abflauen der ländlichen Unruhen.

In Berlin wird nun auch eine Adresse der Arbeiter an den König in Umlauf gebracht. Sie wendet sich gegen die Unterdrückung der Arbeiter durch »Kapitalisten und Wucherer« und bittet um die Errichtung eines »Ministeriums für Arbeiter«, dessen Mitglieder von Arbeitergebern und Arbeitnehmern zu wählen seien. Allein ein derartiges Ministerium sei imstande, »das

Los der Arbeiter zu verbessern, den Staat vor drohenden Gefahren zu schützen, Eigentum und Leben aller bevorstehenden Verwüstungen nicht preiszugeben«.

In Oldenburg, wo seit Anfang März die Forderung nach Einführung einer Verfassung immer lauter erhoben wird, versammelt sich eine Menschenmenge vor der Residenz. Großherzog Paul Friedrich August gibt nach und kündigt die Wahl von Abgeordneten zu einem die künftige Repräsentativverfassung beratenden Ausschuß an.

11. März: Der Kurfürst von Hessen-Kassel bewilligt schließlich, unter dem Druck der Hanauer Unruhen und dem Drängen des Kasseler Stadtrats, doch eine Reihe von Märzforderungen. Im einzelnen handelt es sich um die Neubildung des Ministeriums, die vollständige Pressefreiheit, die Amnestie für politische Vergehen seit 1830, die Aufhebung der Beschränkung verfassungsmäßiger Rechte (besonders des Petitions- und des Versammlungsrechts), die Vorlage der übrigen Forderungen bei den Ständen, den Einsatz beim Bundestag für die Einführung einer Nationalversammlung, nicht aber die Neuwahl der Ständeversammlung.

Zunächst wird der verhaßte Innenminister Scheffer entlassen, dann ein neues Ministerium unter Leitung des liberalen Hanauer Bürgermeisters Bernhard Eberhard gebildet. Die Lage im Land entspannt sich, auch in Hanau, wo die revolutionäre Volkskommission bereits Verteidigungsmaßnahmen gegen den erwarteten

Angriff der bei Bruchköbel zusammengezogenen Truppen in die Wege geleitet hat.

In Bayern wird das Ministerium Oettingen-Wallerstein entlassen, im neuberufenen Kabinett unter Graf Waldkirch wird der liberale Gottlieb Freiherr v. Thon-Dittmer Innenminister.

12. März: Der von der »Heidelberger Versammlung« am 5. März eingesetzte Siebenerausschuß lädt »alle früheren oder gegenwärtigen Ständemitglieder und Teilnehmer an gesetzgebenden Versammlungen in allen deutschen Ländern« sowie einige prominente Oppositionelle – »eine bestimmte Anzahl anderer durch das Vertrauen des deutschen Volkes ausgezeichneter Männer« – für den 31. März zum Vorparlament nach Frankfurt ein.

Der Forderungskatalog der Wiener Studenten wird dem österreichischen Kaiser übergeben. Gefordert werden »Presse- und Redefreiheit zur Herstellung eines gegenseitigen Verständnisses und Vertrauens zwischen Fürst und Volk, Hebung des Volksunterrichtes und insbesondere Einführung von Lehr- und Lernfreiheit, Gleichstellung der verschiedenen Glaubensgenossen in staatsbürgerlichen Rechten, Öffentlichkeit und Mündlichkeit des Gerichtsverfahrens, allgemeine Volksvertretung und außerdem der deutschen Landesteile beim Bunde.«

Soldaten schießen am 13. März 1848 in Wien auf Demonstranten

13. März: In Wien kommt es zum offenen Aufstand. Anläßlich des Zusammentretens der niederösterreichischen Stände entwickeln sich Massendemonstrationen. Studenten, Bürger und Arbeiter bilden eine einheitliche Front, ihre Forderungen bewegen sich weitgehend im liberal-konstitutionellen Rahmen: Pressefreiheit, Einführung von Geschworenengerichten, Religionsfreiheit, Lehr- und Lernfreiheit, verantwortliche Minister, Volksvertretung, Volksbewaffnung, Ausgleich der Nationalitäten, Verbindung zu Deutschland. Als das Militär vor der Hofburg rücksichtslos in die Menge schießt, eskaliert die Situation. Die Demonstranten flüchten und beginnen, unter Führung der Studenten, in der Innenstadt Barrikaden zu bauen. Gleichzeitig brechen in den Arbeitervorstädten Sozialrevolten aus: Angriffe auf öffentliche Gebäude und Fabriken (»Maschinensturm«), Plünderungen bei Kaufleuten, Bäkkern und Wirten. Überall entwickeln sich blutige Straßenkämpfe mit dem Militär; 48 Aufständische kommen ums Leben, größtenteils Gesellen, Tagelöhner und Lehrlinge. Am Abend wird das Militär zurückgezogen. Der verhaßte Staatskanzler Metternich, der sich mit seiner harten militärischen Linie in der Staatskonferenz nicht hat durchsetzen können, erklärt seinen Rücktritt.

In Berlin wächst derweil die Spannung zwischen Militär und Stadtbevölkerung. Als die etwa 10.000 Teilnehmer einer erneuten abendlichen Versammlung im Tiergarten (in den »Zelten«) in die Stadt zurückkehren, werden sie von den Soldaten gewaltsam auseinandergetrieben, einige werden verwundet.

Auch in anderen Teilen Preußens spitzt sich die Lage zu. Im thüringischen Erfurt führen soziale Spannungen zu einem Aufstand, der vom Militär niedergeschlagen wird, zwei Aufständische kommen dabei ums Leben.

In Sachsen setzt sich die Märzrevolution durch. Nachdem die Unruhen – Petitionen, Demonstrationen, Tumulte – in Leipzig, Dresden und weiteren sächsischen Städten immer zahlreicher und heftiger geworden sind, entschließt sich König Friedrich August II. zum Nachgeben. Zunächst einmal entläßt er das konservative Ministerium Könneritz.

14. März: In Wien lenkt die Staatsführung ein, die Lage entspannt sich. Bürger und Studenten werden im Zeughaus bewaffnet und stellen sogleich die öffentliche Ordnung wieder her, in der Innenstadt wie in den Arbeitervorstädten.

In Berlin verspricht Friedrich Wilhelm IV. die Einberufung des Vereinigten Landtags zum 27. April. Die Stimmung zwischen Bevölkerung und Militär bleibt jedoch weiterhin äußerst gespannt, es kommt zu Zusammenstößen, bei denen Zivilisten schwer verletzt werden (»Massaker« in der Brüderstraße).

In Sachsen-Weimar-Eisenach beruft Großherzog Karl Friedrich, als Reaktion auf die wachsende Unruhe – vor allem bei der Landbevölkerung –, ein liberales Märzministerium unter Führung von Wilhelm v. Wydenbrugk.

15. März: Der Triumph der Wiener Märzrevolution wird besiegelt. Kaiser Ferdinand bewilligt, auf weitere Demonstrationen hin, die Pressefreiheit, die Einberufung aller Provinzialstände – nicht jedoch einer zu wählenden verfassunggebenden Versammlung –, eine künftige Verfassung sowie die Bildung einer bewaffneten Bürgerwehr, der »Nationalgarde«, und einer gleichfalls bewaffneten studentischen »Akademischen Legion«. Ein 24-köpfiger Bürgerausschuß, dessen Mitglieder aus dem gehobenen Bürgertum stammen, übernimmt die Stadtverwaltung Wiens.

In Berlin kommt es am Abend erneut zu Zwischenfällen: Soldaten lösen eine Demonstration vor dem Schloß gewaltsam auf, bei der anschließenden Verfolgung der Menschenmenge werden mehrere Demonstranten erschossen und viele verwundet.

16. März: Die Spannung in Berlin wächst, angeheizt noch durch die Nachricht vom Erfolg der Wiener Märzrevolution und der Entlassung Metternichs. Erneut schießt das Militär, bei der Auflösung einer Volksversammlung, in die Menge, zwei Demonstranten werden getötet und mehrere verwundet.

In Sachsen beruft König Friedrich August II. ein liberales »Märzministerium«. Ministerpräsident und Justizminister wird Alexander Carl Braun, Präsident der Zweiten Kammer des Landtags und Führer der liberalen Opposition.

17. März: In Berlin beschließt eine Bürgerversammlung die Übergabe einer Petition an den König am nächsten Tag, begleitet von einer Massendemonstration (»Sturmpetition«). Gefordert werden der Rückzug des Militärs aus der Stadt, die Bewaffnung der Bürger, die Pressefreiheit und die Einberufung des Vereinigten Landtags.

König Ernst August von Hannover steht angesichts der zunehmenden Unruhe im Land – innerhalb von zwei Wochen sind 170 Petitionen eingelaufen – unter wachsendem Druck. Als eine Demonstration mit 2.000 Teilnehmern vor der Residenz stattfindet, lenkt er ein und bewilligt die Aufhebung der Zensur, das Versammlungsrecht, die Einführung von Schwurgerichten, die Volksbewaffnung und die Öffentlichkeit der Ständeversammlung.

18. März: Der preußische König Friedrich Wilhelm IV. verkündet, unter dem Eindruck der erfolgreichen Wiener Revolution und angesichts der bedrohlichen Zuspitzung der Lage in Berlin, Zugeständnisse an die Märzbewegung: die Aufhebung der Zensur, die beschleunigte Einberufung des Vereinigten Landtags – bereits für den 2. April –, und den Einsatz für eine Reorganisation der Bundesverfassung im nationalen und konstitutionellen Sinn (Umwandlung »aus einem Staatenbund in einen Bundesstaat«), was auch eine Verfassung für Preußen einschließt. Unerfüllt bleiben allerdings die Forderungen nach Abzug des Militärs aus Berlin und nach Bürgerbewaffnung.

Am Nachmittag finden sich mehrere tausend Berliner vor dem Schloß ein. Was als Jubelkundgebung beginnt – der König zeigt sich auf dem Schloßbalkon, die Zugeständnisse werden verkündet –, verwandelt sich, unter weiterem Zustrom von Menschenmengen, in eine Protestdemonstration. Immer lauter ertönt der Ruf nach Abzug der Soldaten: »Militär zurück!«. Daraufhin befiehlt der König die militärische Räumung des Schloßplatzes. Versehentlich werden dabei zwei Schüsse abgegeben, sie geben das Signal zum Aufstand. Die Fliehenden rufen »Der König hat uns verraten!«, Barrikaden werden gebaut. Etwa 3-4000 aktive, zumeist schlecht bewaffnete Aufständische, unterstützt von Zehntausenden von Helfern, kämpfen gegen die etwa 15.000 Mann starken Truppen. Bis in die Nacht hinein bleibt der Kampf unentschieden.

In Schleswig-Holstein spitzt sich der Nationalitätenkonflikt zu. Als Protest gegen die Ankündigung Friedrichs VII. von Dänemark, die künftige gesamtdänische Verfassung werde auch Schleswig und Holstein einschließen, findet eine Volksversammlung in Rendsburg statt. In deren Petition an die dänische Regierung verbinden sich liberale mit nationalen Zielen. Neben Pressefreiheit, Versammlungsfreiheit und allgemeine Volksbewaffnung treten die Entlassung des Statthalters v. Scheel, eine gemeinsame Volksvertretung für Schleswig und Holstein und der Eintritt Schleswigs in den Deutschen Bund (dem Holstein bereits zugehört).

Angriff der Kavallerie auf unbewaffnete Demonstranten vor dem königlichen Schloß in Berlin, 18. März 1848
Barrikade in der Neuen Königsstraße am 19. März 1848

19. März: Der preußische König befiehlt noch in der Nacht die Einstellung der militärischen Offensive gegen den Berliner Aufstand; lediglich die bisher eroberten Teile der Stadt sollen gehalten werden. Am Morgen erscheint eine Proklamation Friedrich Wilhelms IV. – von ihm selbst verfaßt –, in der er zur Niederlegung der Barrikaden aufruft (»An meine lieben Berliner!«). Nach Verhandlungen mit Bürgerdeputationen zieht der König, als die Nachricht von der Abtragung der ersten Barrikade eintrifft, das Militär bedingungslos ab und bleibt fast ohne Schutz im Schloß zurück.

Damit hat die Märzrevolution in Berlin gesiegt. Der König sieht sich gezwungen, den am Schloß vorbeiziehenden Leichenzügen mit über hundert gefallenen Aufständischen die letzte Ehre zu erweisen, indem er, auf dem Balkon des Schlosses stehend, seine Feldmütze abnimmt. Insgesamt sind mindestens 303 Barrikadenkämpfer ums Leben gekommen, darunter 52 Arbeiter, 13 Lehrlinge, 115 Gesellen, 29 Meister, 34 Diener und Kleinhändler, 15 Männer aus den »gebildeten Ständen« und 7 berufslose Frauen. Auf der Seite des Militärs sind, offiziellen Angaben zufolge, 24 Soldaten gefallen.

Der König bestätigt den Sieg der Revolution durch eine Reihe von Maßnahmen. Er gesteht die Bürgerbewaffnung zu, woraufhin über 4.000 Gewehre ausgegeben werden und die neue Bürgergarde für die Wiederherstellung der Ordnung sorgt, auch in den Vorstädten. Noch am gleichen Tag beruft der König eine neue Regierung. Adolf Graf v. Arnim-Boitzenburg wird Mini-

Große Barrikade vor dem Köllnischen Rathaus in der Nacht vom 18. zum 19. März 1848

sterpräsident, der gemäßigte Liberale Alfred v. Auerswald Innenminister. Auf Wunsch von Friedrich Wilhelm IV. verläßt der ultrakonservative Prinz Wilhelm – der »Kartätschenprinz«, den die Bevölkerung für die Exzesse des Militärs verantwortlich macht – Berlin und reist nach London.

Im badischen Offenburg findet eine Versammlung mit über 20.000 Teilnehmern statt. Nachdem die gemäßigten Liberalen Karl Theodor Welcker und Alexander Freiherr v. Soiron ihre Teilnahme abgesagt haben, wird die Offenburger Versammlung zum Forum der Linken, dominiert von Friedrich Hecker und Gustav v. Struve. Der Vorstoß des Konstanzer Radikalen Joseph Fickler, die Republik sofort zu proklamieren, findet jedoch keine Mehrheit; auch Hecker ist, aus strategischen Erwägungen, dagegen. Man beschränkt sich auf die Verabschiedung eines demokratisch-republikanischen Programmes. Gefordert werden die Einberufung eines deutschen Parlaments, die Umbildung der badischen Regierung, die Einführung des Einkammersystems, die Verschmelzung von Bürgerwehr und stehendem Heer zu einer »Volkswehr«, die Einführung einer progressiven Einkommens- und Vermögenssteuer, die Abschaffung der Apanagen und »unverdienten Pensionen«, die Abschaffung »aller Vorrechte« und die Trennung der Schule von der Kirche. Außerdem wird zur Gründung eines Netzes von »vaterländischen Vereinen« in allen Gemeinden aufgerufen, deren Aufgabe darin bestehen soll, »für die Bewaffnung, die politische und soziale Bildung des Volkes sowie für die Verwirklichung aller seiner Rechte Sorge zu tragen«.

In Hannover beruft der König, der bereits am 17. März eine Reihe von Forderungen bewilligt hat, ein liberales Märzministerium unter Alexander Graf v. Bennigsen. Innenminister und treibende Kraft der Regierung wird der prominente Liberale Carl Bertram Stüve.

20. März: Der bayerische König Ludwig I. unterzeichnet die Abdankungsurkunde, diskreditiert wegen seiner Affäre mit Lola Montez; den letzten Anstoß zum Rückzug gibt wohl die zerrüttete Lage der Staatsfinanzen. Neuer König wird sein Sohn, Maximilian II., der den Weg liberaler Reformpolitik beschreitet.

In Preußen wird eine Amnestie für politische Gefangene verkündet. Der Führer der polnischen Nationalbewegung, Ludwig v. Mieroslawski, wird daraufhin aus preußischer Haft entlassen und zieht, bejubelt von der Bevölkerung, durch Berlin. »Das polnische Banner«, verkündet er, »wird nun in Eintracht neben dem deutschen wehen«. – Mieroslawski tritt an die Spitze des in der preußischen Provinz Posen gebildeten polnischen Nationalkomitees; dessen Agitation führt in der Folge zu Spannungen und gewalttätigen Auseinandersetzungen zwischen polnischer und deutscher Bevölkerung Posens.

21. März: Der Sieg der Berliner Märzrevolution wird symbolisch bestätigt: Friedrich Wilhelm IV. ehrt 200 im Schloßhof aufgebahrte gefallene Barrikadenkämpfer und reitet, geschmückt mit einer schwarz-rot-goldenen Armbinde, durch die Stadt. Die verbliebenen Truppen werden von Berlin abgezogen, die 6.000 Mann starke Bürgerwehr übernimmt jetzt die Sicherung von Ruhe und Ordnung in der Stadt. Der König verkündet ein national-konstitutionelles Programm (»An mein Volk und an die deutsche Nation«). Friedrich Wilhelm IV. erklärt, er habe »heute die alten deutschen Farben angenommen und mich und mein Volk unter das ehrwürdige Banner des deutschen Reiches gestellt. Preußen geht fortan in Deutschland auf.« Notwendig sind zunächst die »Aufstellung eines deutschen, volkstümlichen Bundesheeres« sowie eine »bewaffnete Neutralitätserklärung«, um Gefahren, die vom Ausland her drohen, begegnen zu können. Um sodann die »Wiedergeburt und Gründung eines neuen Deutschlands«, um die »innere Einheit« – »eine Einheit in der Verschiedenheit, eine Einheit mit Freiheit« – auf den Weg zu bringen, bedarf es der Einführung konstitutioneller Verfassungen, charakterisiert durch Ministerverantwortlichkeit, öffentliche und mündliche Rechtspflege, Geschworenengerichte, Gleichberechtigung der Konfessionen und eine »volkstümliche, freisinnige« Verwaltung.

In Wien wird die Bildung eines Ministeriums unter Vorsitz von Graf Kolowrat bekanntgegeben, das den alten österreichischen Regierungsapparat ersetzt. Ob-

König Friedrich Wilhelm IV. von Preußen zeigt sich den Berlinern am 21. März 1848

gleich mit Franz Freiherr von Pillersdorf ein populärer Liberaler Innenminister wird, ist das Kabinett geprägt von der konservativen hochadeligen Beamtenschaft.

22. März: Im Berliner Friedrichshain werden 183 Märzgefallene bestattet. Der Leichenzug mit über 100.000 Teilnehmern zieht am Schloß vorbei, König und Minister erweisen den getöteten Barrikadenkämpfern die letzte Ehre.

Die »Verheißungen« des Königs werden verkündet. Friedrich Wilhelm IV. verspricht ein »volkstümliches« Wahlgesetz zu einer Volksvertretung, welches auf dem Vereinigten Landtag beraten werden soll. Die neue Volksvertretung werde über eine Reihe von Gesetzesvorschlägen verhandeln: Sicherstellung der persönlichen Freiheit, Vereinigungs- und Versammlungsrecht, Bürgerwehr mit freier Wahl der Offiziere, Ministerverantwortlichkeit, Einführung von Schwurgerichten für Strafsachen, Unabhängigkeit der Richter, Aufhebung des eximierten Gerichtsstandes, der Patrimonialgerichtsbarkeit und der gutsherrlichen Polizeigewalt. Das Militär soll auf die zu verabschiedende Verfassung vereidigt werden.

In Berlin wird, als Vertretung der erfolgreichen Märzrevolution, der »Politische Klub« – später »Demokratischer Klub« – gegründet.

23. März: Großherzog Friedrich Franz II. von Mecklenburg-Schwerin verspricht die Verfassungsreform im konstitutionellen Sinn und verpflichtet sich, für eine Nationalversammlung in Frankfurt einzutreten. Weiterhin gewährt er die Vereinigungsfreiheit, die Volksbewaffnung und kündigt die Reform der Rechtspflege an.

24. März: Nachdem die neue dänische Regierung am 21. März die Integration Schleswigs in den dänischen Staat beschlossen hat, reagiert der dänische König Friedrich VII. ablehnend auf die Rendsburger Petition vom 18. März: »daß wir unser Herzogtum Schleswig dem Deutschen Bunde einzuverleiben weder das Recht, noch die Macht, noch den Willen haben; dagegen die unzertrennliche Verbindung Schleswigs mit Dänemark durch eine gemeinsame freie Verfassung kräftigen wollen«. Daraufhin bildet die Führung der deutschen Bewegung in den Herzogtümern Schleswig und Holstein in Rendsburg eine provisorische Landesregierung, geführt von Wilhelm Hartwig Beseler. Der preußische König kündigt Unterstützung an.

Die neue preußische Regierung unter Graf v. Arnim-Boitzenburg stellt einer Delegation des polnischen Nationalkomitees eine »nationale Reorganisation« für den polnisch besiedelten Teil Posens in Aussicht.

In Baden verbreitet sich das Gerücht, Franzosen seien plündernd und mordend eingefallen. Der »Franzosenlärm«, gespeist von der Angst vor einem Angriffskrieg des republikanischen Frankreich, durchläuft ganz Süddeutschland und ruft vielerorts Panikreaktionen hervor.

26. März: Im badischen Freiburg verabschiedet eine Volksversammlung mit über 20.000 Teilnehmern, geleitet von Gustav v. Struve, ein offen republikanisches Programm. Gefordert werden die Einführung der föderativen Republik, die Verschmelzung von Bürgerwehr und stehendem Heer zur Volkswehr, die Pressefreiheit, die Einführung von Schwurgerichten, die Gleichberechtigung der Konfessionen, die persönliche Freiheit, die vollständige Trennung von Kirche und Staat, die freie Wahl der Geistlichen und Bürgermeister, die Aufhebung aller Zollschranken, die Erleichterung des »Notstands der arbeitenden Klassen und des Mittelstands«.

Der preußische König verlegt seine Residenz vom revolutionären Berlin ins militärisch gesicherte Potsdam.

27. März: In Berlin wird der »Konstitutionelle Klub« gegründet, als liberales Gegenstück zu dem am 22. März gegründeten »Politischen Klub«; dieser wird kurz darauf in »Demokratischer Klub« umbenannt. Der Wahlspruch des Konstitutionellen Klubs lautet: »Ordnung ohne Freiheit ist Despotie, Freiheit ohne Ordnung ist Anarchie. Nichts ohne das Volk, nichts ohne den konstitutionellen König.«

29. März: Die preußische Regierung wird umgebildet. Das am 19. März berufene Ministerium unter Adolf Graf v. Arnim-Boitzenburg tritt zurück, nun kommt das liberale rheinische Großbürgertum zum Zuge, mit Ludolf Camphausen als Ministerpräsident und David Hansemann als Finanzminister.

30. März: Der Deutsche Bundestag beschließt – noch vor dem Zusammentreten des »Vorparlaments« am nächsten Tag –, die Regierungen der Einzelstaaten dazu aufzufordern, allgemeine Wahlen zu einer deutschen verfassunggebenden Versammlung in die Wege zu leiten.

Der dänische Angriff auf Schleswig beginnt. Hadersleben wird besetzt und Alsen übergeben. Preußen ist zunächst noch bemüht, den Konflikt auf dem Verhandlungswege beizulegen.

In Berlin rückt, nachdem sich die Lage beruhigt hat, wieder Militär ein, im Einverständnis mit der Bürgerwehr.

31. März: In der Frankfurter Paulskirche beginnt das »Vorparlament« mit seinen Beratungen (tagt bis zum 3. April). Hervorgegangen aus der Initiative der Heidelberger Versammlung vom 5. März, ist das Vorparlament weder durch Wahl noch durch staatlichen Auftrag legitimiert, es kann sich lediglich auf die Basisrevolution berufen. Daß es dennoch allgemeine Anerkennung findet, liegt daran, daß das Vorparlament die Prominenz der liberalen und demokratischen Opposition versammelt; entsprechend der Einladung vom 12. März.

Das Vorparlament besteht aus 574 Teilnehmern, vorwiegend aus dem Südwesten: 84 kommen aus Hessen-Darmstadt, 72 aus Baden und 52 aus Württemberg. Doch auch Preußen ist immerhin mit 141 Männern vertreten, Österreich hingegen nur mit zwei. Karl Mittermaier wird zum Präsidenten gewählt, Robert Blum, Johann Adam v. Itzstein, Sylvester Jordan und Friedrich Christoph Dahlmann zu Vizepräsidenten.

Auch in Frankfurt zeigt sich, wie schon in Heidelberg, die Spaltung der Bewegung in eine gemäßigt-liberale Mehrheit und eine radikale, demokratisch-republikanische Minderheit. Bereits in der ersten Sitzung verliest Gustav v. Struve ein revolutionär-republikanisches Programm: Das Ziel der Märzrevolution bestehe darin, »Sicherheit des Eigentums und der Person, Wohlstand, Bildung und Freiheit für alle ohne Unterschied der Geburt, des Standes und des Glaubens« zu erreichen. Hierzu ist eine Reihe von Maßnahmen in die Wege zu leiten: Verschmelzung von Militär und Bürgerwehr zu einer »Volkswehr«, Einführung einer »wohlfeilen Regierung« aus »freigewählten Volksmännern« anstelle der »bestehenden Heere von Beamten«, Ersetzung der Abgaben und Zölle durch progressive Einkommens- und Vermögenssteuer und einen Außenzoll, Abschaffung aller Vorrechte – »insbesondere des Adels und der Privilegien des Reichtums« – und der bevorzugten Gerichtsstände, Einführung eines allgemeinen deutschen Staatsbürgerrechts, ausgedehnte Selbstverwaltung der Gemeinden, Aufhebung der Klöster, Gleichberechtigung der Konfessionen, Trennung der Schule von der Kirche, Aufhebung des Schulgeldes, Abschaffung der Zensur, Einführung von Schwurgerichten, persönliche Freiheit (mit Vereins- und Versammlungsrecht), »Beseitigung des Notstandes der arbeitenden Klassen und des Mittelstandes«, »Ausgleichung des Mißverhältnisses zwischen Arbeit und Kapital vermittelst eines besonderen Arbeits-Ministeriums«, Reform und Vereinheitlichung der Gesetzgebung in Deutschland, »Aufhebung der Zerrissenheit Deutschlands und Wiederherstellung der Einteilung in Reichskreise«, »Aufhebung der erblichen Monarchie und Ersetzung derselben durch frei gewählte Parlamente, an deren Spitze frei gewählte Präsidenten stehen, alle vereint in der föderativen Bundesverfassung nach dem Muster der amerikanischen Freistaaten«. Das Vorparlament soll bis zum Zusammentritt der gewählten Nationalversammlung tagen, Gesetzesvorlagen für diese vorbereiten und durch die Einsetzung einer Exekutive, eines »Vollziehungsausschusses«, das »große Werk der Wiederherstellung Deutschlands vorbereiten«.

Die gemäßigte, konstitutionell-monarchisch gesinnte Mehrheit des Vorparlaments wendet sich jedoch entschieden gegen Struves republikanisch-revolutionären Kurs. Ihr Ziel ist die Beendigung und Verrechtlichung der Revolution, als deren Kern man die Probleme der Verfassung und der Nationsbildung sieht, welche man in einvernehmlicher Zusammenarbeit mit den Einzelstaaten lösen will. Dementsprechend erfährt der Antrag Heckers, das Parlament solle sich – im Sinne Struves – für permanent erklären, eine deutliche Ablehnung (356:142 Stimmen).

Über Struves Antrag selbst wird nicht abgestimmt. Das Vorparlament sieht seine Aufgabe mehrheitlich nicht in politischen Richtungsentscheidungen, sondern lediglich in der Vorbereitung der Wahl der Nationalversammlung; die Entscheidungen über die Inhalte der künftigen Verfassung seien dieser »einzig und allein« zu überlassen. Beschlossen wird das allgemeine und gleiche (Männer-)Wahlrecht. Ohne daß darüber eigens abgestimmt wird, findet sich in den Beschlüssen des Vorparlaments der Passus, nur »selbständige« Staatsangehörige seien wahlberechtigt. Die Ausdeutung dieser Bestimmung und der Wahlmodus werden den Einzelstaaten überlassen.

Beim Auseinandergehen hinterläßt das Vorparlament einen »Fünfzigerausschuß«, der dem die Wahlen organisierenden Bundestag beratend zur Seite stehen soll. Bei »eintretender Gefahr des Vaterlandes« kann dieser das Vorparlament wieder einberufen. Von den Vertretern der revolutionär-republikanischen Linken wird keiner in den Ausschuß gewählt.

2. April: Der Bundestag setzt, auf Druck des Vorparlaments, die seit 1819 erlassenen repressiven Ausnahmegesetze außer Kraft.

In Preußen tritt der Zweite Vereinigte Landtag zusammen. Er überträgt seine ständischen Befugnisse im Finanz- und Steuerbereich auf die zu wählende Preußische Nationalversammlung, die auf diese Weise sowohl konstituierenden wie auch gesetzgebenden Charakter erhält. Der Vereinigte Landtag beschließt außerdem, daß die künftige preußische Verfassung zwischen der preußischen Nationalversammlung und dem König zu vereinbaren sei.

3. April: Der österreichische Ministerpräsident Graf Kolowrat tritt zurück, an seiner Stelle wird Außenminister Graf Ficquelmont Regierungschef.

Die preußische Regierung verhängt wegen der heftiger werdenden Auseinandersetzungen zwischen polnischer Nationalbewegung und Deutschen den Ausnahmezustand über die Provinz Posen.

5. April: In Sachsen kommen die Bauernaufstände – mit Schwerpunkten im Osterzgebirge, um Leipzig, im Vogtland und in der Oberlausitz – zum Höhepunkt. Im Anschluß an eine Volksversammlung mit über 10.000 Teilnehmern wird das standesherrliche Waldenburger Schloß niedergebrannt.

Im Herzogtum Nassau werden die Gleise der Taunuseisenbahn bei Kastel von Kutschern zerstört, die sich durch die Konkurrenz der Eisenbahn in ihrer beruflichen Existenz bedroht sehen.

In Anhalt-Dessau-Köthen beruft der Herzog, als Reaktion auf schwere Unruhen, ein liberales Ministerium unter Leitung von August Habicht.

6. April: Die preußische Regierung Camphausen/Hansemann verkündet erste politische Reformen, darunter die Vereins- und Versammlungsfreiheit und die Gleichberechtigung der Konfessionen.

7. April: Der Frankfurter Bundestag übernimmt die Wahlrechtsbeschlüsse des Vorparlaments zur Wahl der Deutschen Nationalversammlung.

8. April: Auf dem Karlsruher Bahnhof läßt der gemäßigte Liberale Karl Mathy den Republikaner Joseph Fickler festnehmen. Fickler ist Redakteur der radikalen Konstanzer »Seeblätter« und ebenso wie Mathy Abgeordneter der badischen Zweiten Kammer. Seine Verhaftung gibt das Signal zum republikanischen Aufstand in Baden, der seit der Ablehnung des revolutionären Programms im Frankfurter Vorparlament von radikalen Kreisen um Friedrich Hecker und Gustav v. Struve geplant wird. Der Konstanzer Gemeinderat und der von Hecker geleitete Ausschuß der badischen Volksvereine – die auf den Appell der Offenburger Versammlung vom 19. März hin überall gegründet wurden – laden für den 12. April zu einer Volksversammlung nach Konstanz ein.

Der preußische Landtag beschließt für die zu wählende Preußische Nationalversammlung das allgemeine und gleiche, aber indirekte (Männer-)Wahlrecht; nicht wahlberechtigt sind die Bezieher von Armenunterstützung.

10. April: In Schleswig rücken 13.000 Mann preußische Truppen ein, zur Unterstützung der am 24. März errichteten Provisorischen Regierung.

In Baden werden die Forderungen der Bauern durch die Aufhebung der Feudalrechte befriedigt.

11. April: In Berlin konstituiert sich ein »Zentralkomitee für Arbeiter«, zum Präsidenten wird Stephan Born gewählt.

12. April: Der badische Aprilaufstand beginnt mit einer großen Volksversammlung in Konstanz. Auf dieser fordert Friedrich Hecker zur Erhebung für die Republik auf. Die Republikaner, seit Ficklers Verhaftung am 8. April auch im liberalen Baden unter Druck, setzen nun nicht mehr auf das zu wählende deutsche Parlament, sondern auf die Basisrevolution, den bewaffneten Volksaufstand: »Worte können uns unser Recht und unsere Freiheit nicht erobern«. Im Namen einer

»provisorischen Regierung« befiehlt Hecker den Behörden des Seekreises, die waffenfähigen Männer auszurüsten, damit sie sich am 16. April in Donaueschingen zum Volksheer konstituieren können. Doch die Kreisregierung weigert sich, sie rät den Bürgern von einer Teilnahme ab; auch das Konstanzer Bürgertum reagiert zurückhaltend bis ablehnend auf Heckers Unternehmen.

Der Frankfurter Bundestag erkennt die am 24. März konstituierte Provisorische Regierung Schleswig-Holsteins an und beschließt, daß Preußen auf den Eintritt Schleswigs in den Deutschen Bund hinwirken und die Provisorische Regierung gegen Dänemark schützen soll. Wenn Dänemark Schleswig nicht freiwillig räume, müsse der Bund dies erzwingen, »um das durch den Bund zu schützende Recht Holsteins auf die Union mit Schleswig zu wahren«.

13. April: Von Konstanz aus setzt sich Friedrich Heckers republikanische Kolonne in Richtung Donaueschingen in Bewegung. Die Mobilisierung entspricht allerdings ganz und gar nicht den Erwartungen, lediglich 53 Mann sind Heckers Aufruf vom Vortag gefolgt.

14. April: In Württemberg werden, als Reaktion auf die bäuerlichen Unruhen, die Feudalrechte aufgehoben.

15. April: Eine zweite Kolonne republikanischer Freischärler unter Führung von Franz Sigel verläßt Konstanz in Richtung Südschwarzwald. Sie besteht im Kern aus Mitgliedern der Konstanzer Bürgerwehr und wächst durch weiteren Zuzug auf geschätzte 3.000 Mann an.

Der Bundestag beschließt, der badischen Regierung – die Preußens militärisches Hilfsangebot ausgeschlagen hat – Bundestruppen zur Verfügung zu stellen. Mit badischen und württembergischen Truppen sowie dem 8. Bundeskorps aus Hessen und Nassau stehen in Kürze 30.000 Mann zur Verfügung, um die badische Aprilrevolution niederzuschlagen.

16. April: Südwestlich von Donaueschingen, in Bonndorf, vereinigt sich Heckers Kolonne mit einigen Hundert Freischärlern unter Führung Struves. Diese haben Donaueschingen wegen der einmarschierenden württembergischen Truppen verlassen müssen. Die Württemberger versperren den Weg sowohl nach Freiburg – wo für den 22. April eine große bewaffnete Volksversammlung geplant ist – als auch nach Offenburg. Deshalb wendet sich der Hecker-Zug, der nicht über 1.000 Mann hinauswächst, nach Südwesten, in Richtung Südschwarzwald und Hochrhein, wo die Vereinigung mit den anderen Kolonnen vorgesehen ist.

Auch in Nassau wird nun ein Reformministerium eingesetzt. Herzog Adolph ernennt den gemäßigten Liberalen und Führer der Märzbewegung August Hergenhahn zum leitenden Minister.

17. April: Eine dritte Schar republikanischer Freischärler, die Hochrheinkolonne unter Joseph Weishaar und Gustav v. Struve, zieht von Lottstetten aus in Richtung Südschwarzwald los; ihre Stärke wird auf 3.000 Mann geschätzt.

19. April: Dänemark reagiert auf den Einmarsch preußischer Truppen in Schleswig, der am 10. April begonnen hat, mit der Eröffnung des Seekrieges: Beschlagnahme preußischer Handelsschiffe, Verhängung einer Blockade über preußische Teile der Ostsee.

In Preußen gesteht die Regierung den Bürgerwehren, die sich an vielen Orten gebildet haben, die »Befugnisse der bewaffneten Macht« zu; darunter auch den bewaffneten Einsatz gegen Unruhen.

20. April: Die erste Entscheidungsschlacht zwischen badischen Republikanern und Militär endet mit einem schnellen Sieg der Truppen. Im Gefecht auf der Scheidegg bei Kandern wird der Hecker-Zug mit 1.000 Mann – die Vereinigung mit den anderen Kolonnen ist noch nicht vollzogen – in weniger als einer Stunde aufgerieben. Entgegen der Hoffnung Heckers bleibt das Militär loyal. Der Oberbefehlshaber der Truppen Badens und des Bundes, General Friedrich v. Gagern, ältester Bruder von Heinrich v. Gagern, kommt ums Leben. Hecker flieht in die Schweiz.

Das Gefecht bei Kandern am 20. April 1848

21. April: Ein zweiter republikanischer Zug, die Hochrheinkolonne unter Weishaar und Struve, trifft im Wiesenthal bei Steinen auf Regierungstruppen und wird völlig zersprengt.

Das österreichische Ministerium Ficquelmont erklärt seine Stellung zu Deutschland. Österreich sei zwar »vom Wunsche des innigen Anschlusses an Deutschland durchdrungen«, doch es könne »nie ein gänzliches Aufgeben der Sonderinteressen seiner verschiedenen zum deutschen Bund gehörigen Gebietsteile, eine unbedingte Unterordnung unter die Bundesversammlung, ein Verzichten auf die Selbständigkeit der inneren Verwaltung mit seiner besonderen Stellung vereinbarlich finden, und muß sich die besondere Zustimmung zu jedem von der Bundesversammlung gefaßten Beschlusse unbedingt vorbehalten.« Wenn diese Forderung nicht mit einem künftigen Bundesstaat vereinbar sei, dann »wäre Österreich nicht in der Lage, einem solchen beizutreten«.

22. April: Auf einer Freiburger Volksversammlung erscheinen etwa 1.200 Bewaffnete, zum republikanischen Aufstand entschlossen. Sie übernehmen die Kontrolle über die von Truppen umlagerte Stadt und bauen Barrikaden.

Der Frankfurter Bundestag nimmt, auf Antrag Preußens, einen Teil Posens (600.000 Einwohner) in den Deutschen Bund auf.

23. April: Die badischen Republikaner verlieren eine weitere Schlacht: Bei ihrem Eintreffen in Freiburg wird nun auch die Kolonne Franz Sigels geschlagen.

24. April: Freiburg, seit zwei Tagen in den Händen der Republikaner, wird von Truppen des Bundes und des Großherzogtums Baden eingenommen.

Zur Unterstützung des badischen Aufstandes kommt Georg Herweghs »Deutsche Legion«, etwa 700 Mann umfassend, bei Kembs von Frankreich her über den Rhein.

25. April: In Österreich wird eine Verfassung, unter Regie des Innenministers Pillersdorf erarbeitet, vom Kaiser einseitig in Kraft gesetzt. Orientiert am belgischen Modell von 1831, entspricht die Verfassung zwar in vielen Punkten dem liberalen Konstitutionalismus. Doch das Verfahren des Oktroi stößt ebenso auf Ablehnung wie eine Reihe von Verfassungsbestimmungen, insbesondere die Privilegierung der Großgrundbesitzer in der Ersten Kammer und das Zensuswahlrecht für die Zweite Kammer. Getragen wird der Widerstand vom »Demokratischen Klub«, von der Akademischen Legion, von den Arbeitervereinen und zunächst auch von der bürgerlichen Nationalgarde.

26. April: In Mannheim eskalieren Auseinandersetzungen zwischen Republikanern, unterstützt von Teilen der Bürgerwehr, und den seit dem 21. April in der Stadt stationierten nassauischen Bundestruppen. Im Verlauf der Unruhen werden Barrikaden gebaut, es kommt zu einem Schußwechsel mit bayerisch-pfälzischen Soldaten auf der anderen Rheinseite.

Im galizischen Krakau, zum habsburgischen Kaiserstaat gehörig, wird ein Aufstand polnischer Nationalisten durch das Bombardement der Stadt schnell niedergeschlagen.

27. April: Die badische Aprilrevolution verliert ihr letztes Gefecht. Georg Herwegh, der mit seiner Deutschen Legion am 24. April den Rhein überschritten hat und seither durch den Hochschwarzwald zieht, hat die Hoffnungslosigkeit weiteren Kampfes – angesichts der Niederlage der drei republikanischen Kolonnen – eingesehen und beschlossen, sich mit seinen 700 Mann in die Schweiz in Sicherheit zu bringen. Doch bei Niederdossenbach werden sie von württembergischen Truppen gestellt. 20 bis 30 Freischärler fallen, über 300 werden gefangengenommen, die übrigen, darunter Herwegh, können über die nahe Rheingrenze in die Schweiz fliehen.

Damit ist die badische Aprilrevolution endgültig niedergeschlagen. Die Regierung verhängt den Belagerungszustand über weite Teile des Landes, demokratische Vereine und Volkswehren werden aufgelöst, mehr als 3.000 Hochverratsprozesse in Gang gesetzt. Erst im September werden die in Baden stationierten Bundestruppen wieder abgezogen.

Der vom Bundestag am 10. März eingesetzte Siebzehnerausschuß aus »Männern allgemeinen Vertrauens« – darunter prominente Vertreter des gemäßigten Liberalismus wie Friedrich Christoph Dahlmann, Ludwig Uhland, Friedrich Daniel Bassermann, Georg Gottfried Gervinus und Johann Gustav Droysen – übergibt dem Bundestag seinen Entwurf für eine deutsche Verfassung. Der Entwurf bleibt jedoch ohne direkte Folgen. Die großen und mittleren deutschen Mächte lehnen ihn sogleich ab, und der Verfassungsausschuß der Paulskirche wird ihn nicht zur Grundlage seiner Arbeit machen; allerdings wird die am 28. März 1849 verkündete Reichsverfassung dem Entwurf vieles verdanken.

1. Mai: Der Einzug bayerischer Truppen im badischen Mannheim beendet die dortigen Unruhen endgültig. Die aufständischen Bürgerwehrleute werden entwaffnet, die Führer des Aufstandes verhaftet und der Belagerungszustand verhängt.

2. Mai: Der Bundestag nimmt, auf Antrag Preußens, einen weiteren Teil der preußischen Provinz Posen in den Deutschen Bund auf (200.000 Einwohner, ein erster Teil ist bereits am 22. April aufgenommen worden).

In Posen ergibt sich der Führer der Nationalbewegung, Ludwig v. Mieroslawski, den preußischen Truppen, die gegen den Ende April ausgebrochenen offenen Aufstand vorgehen.

3. Mai: Die Bundestruppen überschreiten, nach der Einnahme Schleswigs, nun auch die dänische Grenze. Unter dem Druck Englands und Rußlands kommen die Kriegshandlungen jedoch bald zum Stillstand.

4. Mai: Der österreichische Ministerpräsident Graf Ficquelmont demissioniert auf Massenproteste hin. An seine Stelle tritt der gemäßigt liberale Innenminister v. Pillersdorf, der ein neues Kabinett bildet.

8. Mai: In Österreich wird, als Ergänzung der Verfassung vom 25. April, eine Wahlordnung oktroyiert. Die Staatsführung hält, ungeachtet der öffentlichen Proteste, am Zweikammersystem fest. Für die Kammer der Abgeordneten bestimmt die Wahlordnung allgemeines (Männer-)Wahlrecht mit indirektem Wahlverfahren. Ausgeschlossen werden die unteren Schichten, nämlich »Arbeiter gegen Tag- oder Wochenlohn, Dienstleute und Personen, die aus öffentlichen Wohltätigkeitsanstalten Unterstützung genießen«. Gegen diese Bestimmung protestieren insbesondere die Arbeiter – die bei den Wahlen zur Deutschen Nationalversammlung Anfang April zugelassen waren – sowie die studentische Akademische Legion.

9. Mai: In Wien gründen Akademische Legion und Nationalgarde ein »Politisches Zentralkomitee der gesamten Nationalgarde Wiens«. Bestehend aus fast 200 Abgeordneten der einzelnen Kompanien, agiert das Zentralkomitee als revolutionäre Stadtregierung und organisiert den Widerstand gegen die am 25. April oktroyierte Verfassung.

Der polnische Aufstand in der preußischen Provinz Posen wird endgültig militärisch niedergeschlagen.

15. Mai: Die österreichische Mairevolution entzündet sich an einem gegenrevolutionären Vorstoß der Regierung. Nachdem diese der Nationalgarde die Teilnahme am revolutionären Wiener Zentralkomitee verboten (13. Mai) und die Stadt mit Militär besetzt hat (14. Mai), versammeln sich Akademische Legion, Arbeitervereine und Nationalgardisten bewaffnet vor der Hofburg. Es beginnen Verhandlungen mit der Regierung; zugleich fangen Arbeiter an, Barrikaden zu bauen. Gefordert werden die Rücknahme des Verbots vom 13. Mai und die gemeinschaftliche Besetzung aller wichtigen Punkte der Stadt durch Nationalgarde und Militär. Außerdem wird erneut die Einführung des Einkammersystems und des allgemeinen Wahlrechts verlangt.

16. Mai: Der österreichische Kaiser Ferdinand bewilligt, auf Drängen des Ministeriums Pillersdorf, alle Forderungen des Vortags, auch die am 25. April oktroyierte Verfassung wird aufgehoben.

17. Mai: Der österreichische Kaiser flieht mit seinem Hof vom unruhigen Wien ins loyale Innsbruck. – Dies bewirkt einen Umschlag in Teilen der öffentlichen Meinung. Sehr bald wird, vor allem in bürgerlichen Kreisen, der Wunsch nach Rückkehr des Kaisers laut, Petitionen werden nach Innsbruck gesandt. Die revolutionäre Bewegung verliert, zumal in ihrer radikalen Variante, an Rückhalt in der Bevölkerung.

18. Mai: In der Frankfurter Paulskirche tritt die Deutsche konstituierende Nationalversammlung zusammen, zur Beratung und Verabschiedung einer Verfassung.

Bislang sind 330 Abgeordnete eingetroffen. Ihre gesetzliche Mitgliederzahl von 649 Abgeordneten wird die Versammlung nicht erreichen, da einige Wahlkreise in Böhmen und Mähren, die sich dem Deutschen Bund nicht zugehörig fühlen, keine Vertreter nach Frankfurt entsenden. Auch die übrigen 585 Parlamentarier versammeln sich niemals vollständig; im Durchschnitt sind zumeist 400 bis 450 Abgeordnete in Frankfurt anwesend.

Sitzung der Deutschen Nationalversammlung in der Paulskirche, 1848

Gewählt sind die Abgeordneten – entsprechend den vom Deutschen Bund am 7. April übernommenen Beschlüssen des Vorparlaments –, nach allgemeinem und gleichem (Männer-)Wahlrecht, unter Ausschluß derer, die das Kriterium der »Selbständigkeit« nicht erfüllen. In den meisten Einzelstaaten sind dies die Bezieher von Armenunterstützung und diejenigen, die keinen eigenen Haushalt führen, also vor allem Gesinde und Handwerksgesellen. Insgesamt dürfen mindestens drei Viertel aller volljährigen männlichen Deutschen ihre Stimme abgeben, die tatsächliche Wahlbeteiligung in den die Wahl ausrichtenden Einzelstaaten liegt zwischen 40 und 75 Prozent. Direkt gewählt wird in Württemberg, Hessen-Kassel, Schleswig-Holstein und in den Freien Städten (Frankfurt, Hamburg, Bremen und Lübeck), ansonsten werden die Abgeordneten von den im ersten Wahlgang bestimmten Wahlmännern gewählt.

In sozialer Hinsicht wird die Paulskirche von den Gebildeten dominiert, mehr als drei Viertel der Volksvertreter haben eine Universität besucht. Über die Hälfte der Abgeordneten steht im Sold von Staat und Kommunen, mehrheitlich mit juristischer Ausbildung (als höhere Beamte, Richter, Staatsanwälte). Die freiberufliche Intelligenz – vor allem Rechtsanwälte – stellt etwa ein Viertel, während das gehobene Wirtschaftsbürgertum mit etwa sieben Prozent vertreten ist; etwas stärker noch als die Großgrundbesitzer und die Geistlichen. Nur drei der Abgeordneten sind Bauern, nur einer ist Handwerker.

Einzug der Abgeordneten der Deutschen Nationalversammlung in die Paulskirche, 18. Mai 1848

Die Abgeordneten bilden ein eindrucksvolles Panorama der oppositionellen Prominenz. Unter ihnen sind Ernst Moritz Arndt (aus Bonn), Friedrich Daniel Bassermann (Mannheim), Wilhelm Behr (Bamberg), Georg Beseler (Greifswald), Karl Friedrich Biedermann (Leipzig), Robert Blum (Leipzig), Lorenz Brentano (Mannheim), Friedrich Christoph Dahlmann (Bonn), Johann Gustav Droysen (Kiel), Julius Fröbel (Mannheim), Heinrich v. Gagern (Monsheim/Worms), Georg Gottfried Gervinus (Heidelberg), Jacob Grimm (Berlin), Johann Adam v. Itzstein (Mannheim), Johann Jacoby (Königsberg), Ludwig Jahn (Freiburg), Sylvester Jordan (Marburg), Georg Friedrich Kolb (Speyer), Heinrich Laube (Leipzig), Karl Mathy (Karlsruhe), Gustav v. Mevissen (Köln), Karl Mittermaier (Heidelberg), Moritz Mohl (Stuttgart), Robert Mohl (Heidelberg), Paul Achatius Pfizer (Stuttgart), Franz Raveaux (Köln), Friedrich v. Römer (Stuttgart), Arnold Ruge (Leipzig), Alexander Freiherr v. Soiron (Mannheim), Ludwig Uhland (Tübingen), Jakob Venedey (Oberweiler), Georg Waitz (Göttingen), Karl Theodor Welcker (Heidelberg), Johann Georg August Wirth (Karlsruhe).

Schon rasch, seit Ende April, finden sich die Abgeordneten zu Fraktionen zusammen. Diese treffen sich in Gasthäusern – nach denen sie benannt werden –, geben sich Statuten und Programme und prägen das parlamentarische Geschehen; ein Drittel der Abgeordneten schließt sich jedoch keiner Fraktion an. Die wichtigste Trennlinie verläuft zwischen linker Minori-

Heinrich von Gagern (1799–1880),
erster Präsident der Nationalversammlung

tät, die für Volkssouveränität und parlamentarische Demokratie kämpft, und der Mitte-Rechts-Majorität, die sich konstitutionelle Monarchie, Vereinbarung mit den Fürsten und eine föderalistische Gliederung des künftigen Deutschland auf die Fahne geschrieben hat.

19. Mai: In der Paulskirche wird Heinrich v. Gagern mit großer Mehrheit zum Präsidenten gewählt.

20. Mai: Der österreichische Kaiser, am 17. Mai aus Wien nach Innsbruck geflohen, macht die Auflösung der Akademischen Legion zur Bedingung für seine Rückkehr nach Wien.

21./22. Mai: Im hessen-darmstädtischen Mainz eskalieren Spannungen zwischen der Bürgerwehr und Soldaten der preußischen Garnison zu Straßenkämpfen, mit 8 Toten und vielen Verletzten. Daraufhin ruft der Festungskommandant den Belagerungszustand aus, die Bürgerwehr wird entwaffnet und aufgelöst.

22. Mai: In Berlin tritt die Preußische Nationalversammlung zusammen. Gewählt sind die Abgeordneten nach allgemeinem und gleichem, aber indirektem (Männer-)Wahlrecht; nicht wahlberechtigt – weil nicht »selbständig« – sind die Bezieher von Armenunterstützung. Im Gegensatz zur Paulskirche gehört in Berlin eine Mehrheit der Abgeordneten der Linken und dem linken Zentrum an.

Die Regierung legt der Versammlung einen Entwurf für die zu vereinbarende Verfassung vor. Dieser entspricht insgesamt den Grundsätzen des gemäßigten Konstitutionalismus, allerdings ist dem König eine starke Stellung eingeräumt.

24. Mai: In der Paulskirche wird ein dreißigköpfiger Verfassungsausschuß gewählt. Unter dem Vorsitz von Friedrich Daniel Bassermann gehört ihm eine Reihe prominenter Abgeordneter an, so Hermann v. Beckerath, Georg Beseler, Friedrich Christoph Dahlmann, Johann Gustav Droysen, August Hergenhahn, Georg Waitz und Karl Theodor Welcker vom rechten Zentrum, Karl Mittermaier, Robert Mohl, Friedrich v. Römer, Heinrich Simon, Alexander Freiherr v. Soiron vom linken Zentrum und Robert Blum von der Linken. Der Ausschuß nimmt die Arbeit an einem Verfassungsentwurf auf.

Auch der Volkswirtschaftliche Ausschuß (»Ausschuß für Arbeiter-, Gewerbe- und Handelsverhältnisse«) wird errichtet, unter Vorsitz von Friedrich v. Rönne.

26. Mai: Der Versuch der österreichischen Regierung, die studentische Akademische Legion aufzulösen, scheitert daran, daß diese von Nationalgarde und Arbeitern unterstützt wird. Als die Universität geschlossen werden soll, werden Barrikaden errichtet. Daraufhin weicht die Regierung zurück und zieht das Militär aus Wien ab. Die Nationalgarde rückt in dessen Stellungen ein, ein neugegründeter »Sicherheitsausschuß« – »Ausschuß der Bürger, Studenten und Garden für Sicherheit, Ordnung und Wahrung der Volksrechte« – übernimmt die Stadtregierung und wird zum revolutionären Gegenspieler der geschwächten Regierung.

Die Paulskirche beschließt, daß vor der eigentlichen Verfassung – dem Aufbau des Deutschen Reiches – die Grundrechte des deutschen Volkes zu beraten sind.

Sie wählt einen »Ausschuß für die Marine«. Angesichts der Überlegenheit der dänischen Flotte im Krieg um Schleswig-Holstein findet das Projekt, eine deutsche Seestreitkraft zu begründen, fraktionsübergreifende Zustimmung, auch breite Bevölkerungsschichten machen ihre Unterstützung deutlich.

27. Mai: Die Paulskirche erklärt ihre Auffassung von der Stellung, die die Nationalversammlung gegenüber den Einzelstaaten einnehmen soll. Sie beschließt, »daß alle Bestimmungen einzelner deutscher Verfassungen, welche mit dem von ihr zu gründenden Verfassungswerke nicht übereinstimmen, nur nach Maßgabe des letzteren als gültig zu betrachten sind«. Damit macht sich die Paulskirche zum »Souverän über den Souveränen« (Veit Valentin).

30. Mai: Die österreichische Regierung erläßt eine neue Wahlordnung, welche nur teilweise den kaiserlichen Zugeständnissen vom 16. Mai entspricht: Zwar soll der Reichstag nur eine Kammer umfassen, doch auch weiterhin werden die Arbeiter vom Wahlrecht ausgeschlossen.

1. Juni: Die Paulskirche verweist einen ersten Entwurf für die Grundrechte an den Verfassungsausschuß zurück.

In Köln nimmt die von Karl Marx redigierte »Neue Rheinische Zeitung« ihr Erscheinen auf.

3. Juni: Die Paulskirche setzt einen »Ausschuß für die Prüfung der Anträge in Bezug auf die provisorische Zentralgewalt« ein. Hintergrund dafür ist, daß die große Mehrheit der Nationalversammlung über ihre eigentliche Aufgabe – eine deutsche Verfassung zu beraten und zu verabschieden – hinausgreifen will: bis zum Inkrafttreten der Verfassung soll eine regierende Exekutive, eine »provisorische Zentralgewalt« eingesetzt werden. Nur die Rechte ist dagegen. – Im Ausschuß plädiert die linke Minorität für einen dem Parlament direkt verantwortlichen Vollziehungsausschuß, während die Rechts-Mitte-Majorität ein dreiköpfiges Direktorium will, das Preußen, Österreich und das »dritte Deutschland« repräsentieren soll; vorgeschlagen werden der österreichische Erzherzog Johann, der

Bruder des preußischen Königs, Prinz Wilhelm, und Prinz Carl von Bayern.

4. Juni: Im Auftrag der preußischen Regierung, die am 9. Mai den Aufstand der polnischen Nationalbewegung in der Provinz Posen niedergeschlagen hat, richtet General Ernst v. Pfuel eine Demarkationslinie zwischen dem polnischen und dem deutschen Teil der Provinz ein. Den Polen, die Posen als den Kern eines künftigen polnischen Nationalstaats ansehen, verbleibt weniger als ein Drittel.

7. Juni: Prinz Wilhelm von Preußen, Fürsprecher eines entschieden gegenrevolutionären Kurses (»Kartätschenprinz«), kommt aus dem englischen Exil nach Berlin zurück; ungeachtet der Proteste, die der Ankündigung seiner Rückkehr gefolgt sind.

9. Juni: In der Preußischen Nationalversammlung findet der Antrag von Julius Berends vom Vortag, die Versammlung möge »erklären, daß die Kämpfer des 18. und 19. März sich wohl ums Vaterland verdient gemacht haben«, und damit aussprechen, »sie stehe auf dem Boden dieser Revolution«, keine Mehrheit. Die Abgeordneten beschließen, zur Tagesordnung überzugehen, »in Erwägung, daß die hohe Bedeutung der großen Märzereignisse, denen wir in Verbindung mit der königlichen Zustimmung den gegenwärtigen staatsrechtlichen Zustand verdanken, auch das Verdienst der Kämpfer um dieselben unbestritten ist und die Versammlung überdies ihre Aufgabe nicht darin erkennt, Urteile abzugeben, sondern die Verfassung mit der Krone zu vereinbaren«.

10. Juni: Auf Betreiben des Wiener Sicherheitsausschusses, der seit dem 26. Mai eine Art revolutionäre Gegenregierung bildet, nimmt die österreichische Regierung den in der Wahlordnung vom 30. Mai verkündeten Ausschluß der Arbeiter vom Wahlrecht zurück; auch die selbständigen Arbeiter erhalten nun das Stimmrecht zum konstituierenden Reichstag.

14. Juni: In Berlin eskalieren die Spannungen zwischen Bürgerwehr und Arbeitern. Nachdem die Bürgerwehr zwei demonstrierende Arbeiter erschossen hat, wird das Zeughaus gestürmt, die Volksmenge bewaffnet sich. Doch noch in der Nacht gelingt es der Bürgerwehr, die Waffen wieder einzusammeln.

Die Paulskirche beschließt die Bewilligung von sechs Millionen Talern für den Bau einer deutschen Kriegsflotte.

In Frankfurt beginnt der Erste demokratische Kongreß, mit 234 Delegierten, die 89 demokratische Vereine vertreten (tagt bis zum 17. Juni). Die demokratische Prominenz ist anwesend, unter anderen Julius Fröbel,

Ludwig Feuerbach, Johannes Ronge, Andreas Gottschalk, Ferdinand Freiligrath und Ludwig Bamberger. Man einigt sich auf die republikanische Staatsform als gemeinsames Ziel und beschließt, als Dachorganisation der demokratischen Vereine einen »Zentralausschuß der deutschen Demokraten« mit Sitz in Berlin zu gründen.

16. Juni: In Prag wird der Aufstand der tschechischen Unabhängigkeitsbewegung, der am 12. Juni begonnen hat, von Fürst Windischgrätz militärisch niedergeschlagen.

17. Juni: In der Paulskirche beginnt, mit dem Bericht des am 3. Juni eingesetzten Ausschusses, die Debatte über die Errichtung der Provisorischen Zentralgewalt. Im Namen der Ausschußmehrheit plädiert Friedrich Christoph Dahlmann für ein dynastisches Dreierdirektorium, die Linke hingegen ist dafür, einen Vollziehungsausschuß aus dem Parlament zu wählen.

20. Juni: Die preußische Regierung Camphausen/Hansemann tritt wegen der mangelnden Unterstützung durch die Preußische Nationalversammlung zurück.

24. Juni: In den Debatten über die Errichtung der Provisorischen Zentralgewalt macht der Präsident der Paulskirche, Heinrich v. Gagern, den berühmt gewordenen »kühnen Griff«: Die deutsche Regierungsgewalt soll einem von der Nationalversammlung gewählten »Reichsverweser« übergeben werden. Für dieses Amt schlägt er den populären österreichischen Erzherzog Johann vor, »nicht weil, sondern obgleich er ein Fürst« ist. Damit kommt Gagern einerseits der Linken entgegen, indem die Spitze des Reichs ohne Vereinbarung mit den Fürsten vom Parlament allein bestimmt wird, entsprechend dem Prinzip der Volkssouveränität. Auf der anderen Seite ist Gagerns Vorschlag auch für die Mitte akzeptabel, weil kein revolutionärer Vollziehungsausschuß eingesetzt wird, sondern mit Erzherzog Johann ein Vertreter des ehemaligen deutschen Kaiserhauses die Regierungsgewalt übernehmen soll; auf diese Weise wird dem Prinzip der dynastischen Legitimität Rechnung getragen.

25. Juni: Der preußische König setzt eine neue Regierung unter Rudolf v. Auerswald ein, David Hansemann wird erneut Finanzminister. Eine breite parlamentarische Grundlage erhält das Kabinett durch die Ernennung mehrerer Abgeordneter der Preußischen Nationalversammlung – vom rechten und vom linken Zentrum – zu Ministern.

28. Juni: Die Paulskirche beschließt, in einem Reichsgesetz, die Einführung einer Provisorischen Zentralgewalt, orientiert an Gagerns »kühnem Griff« vom 24. Juni (450:100 Stimmen). Die Zentralgewalt soll »bis zur definitiven Begründung einer Regierungsgewalt für Deutschland« amtieren. Mit der Schaffung einer Exekutive, einer nationalen Regierung geht die Nationalversammlung deutlich über ihre eigentliche Aufgabe, eine Verfassung zu beraten und zu verabschieden, hinaus.

Die Aufgabe der Zentralgewalt besteht in der Ausübung der vollziehenden Gewalt »in allen Angelegenheiten, welche die allgemeine Sicherheit und Wohlfahrt des deutschen Bundesstaates betreffen«. Dazu gehören auch die Übernahme der »Oberleitung der gesamten bewaffneten Macht« und die Ausübung der »völkerrechtlichen und handelspolitischen Vertretung Deutschlands«. Nicht zuständig ist die Zentralgewalt für die Verfassung; diese Aufgabe verbleibt weiterhin allein bei der Nationalversammlung. Deren Einverständnis benötigt die Zentralgewalt auch für Beschlüsse »über Krieg und Frieden und über Verträge mit auswärtigen Mächten«. Die provisorische Zentralgewalt wird einem Reichsverweser übertragen, der von der Nationalversammlung gewählt wird. Der Reichsverweser ist zwar dem Parlament gegenüber nicht verantwortlich, doch er »übt seine Gewalt durch von ihm ernannte, der Nationalversammlung verantwortliche Minister aus. Alle Anordnungen desselben bedürfen zu ihrer Gültigkeit der Gegenzeichnung wenigstens eines verantwortlichen Ministers.« Sodann wird die Stellung der Zentralgewalt gegenüber den Einzelstaaten festgelegt: sie »hat sich in Beziehung auf die Vollziehungsmaßregeln, soweit tunlich, mit den Bevollmächtigten der Landesregierung in's Einvernehmen zu setzen.« Schließlich bestimmt das Reichsgesetz, daß der Frankfurter Bundestag, das zentrale Organ der Einzelstaaten, obsolet wird: »Mit dem Eintritt der Wirksamkeit der provisorischen Zentralgewalt hört das Bestehen des Bundestages auf.«

29. Juni: Die Paulskirche wählt, mit großer Mehrheit, den österreichischen Erzherzog Johann zum Reichsverweser, zum Oberhaupt Deutschlands.

30. Juni: In Preußen erhält die Gegenrevolution ein publizistisches Organ: die »Neue Preußische Zeitung« – die sogenannte »Kreuzzeitung« – nimmt ihr Erscheinen auf. Unter den ultrakonservativen Beiträgern finden sich die Brüder Gerlach, Hans v. Kleist-Retzow, Otto v. Bismarck, Friedrich Julius Stahl, Heinrich Leo.

3. Juli: Der Verfassungsausschuß der Paulskirche legt einen überarbeiteten Entwurf zu den Grundrechten vor, die Beratungen darüber werden im Plenum aufgenommen.

6./7. Juli: In Frankfurt-Sachsenhausen entwickelt sich aus sozialen Unruhen (»Brotkrawalle«) ein radikaler Aufstand. Mit roten Fahnen drapierte Barrikaden werden errichtet, die Aufständischen liefern sich Gefechte mit dem Stadtmilitär. Es gelingt, die Unruhen auf dem Verhandlungswege beizulegen.

8. Juli: Auf Druck des revolutionären Wiener Sicherheitsausschusses entläßt Erzherzog Johann – seit dem 15. Juni Stellvertreter des am 17. Mai nach Innsbruck geflohenen Kaisers – das Ministerium Pillersdorf.

11. Juli: Erzherzog Johann, am 29. Juni von der Paulskirche zum Reichsverweser gewählt, zieht in Frankfurt ein.

12. Juli: Der Frankfurter Bundestag überträgt, um Rechtskontinuität bemüht, seine Befugnisse der Provisorischen Zentralgewalt, entsprechend dem von der Paulskirche am 28. Juni beschlossenen Reichsgesetz.

15. Juli: Reichsverweser Erzherzog Johann beruft Karl Fürst von Leiningen zum Ministerpräsidenten. Dieser beginnt mit der Bildung seines Kabinetts, bestehend aus den Reichsministern für die auswärtigen Angelegenheiten, für das Innere, das Kriegswesen und die Justiz.

Einzug des Reichsverwesers Erzherzog Johann von Österreich in Frankfurt am 11. Juli 1848

In Frankfurt tritt der Allgemeine Handwerker- und Gewerbekongreß zusammen (tagt bis 18. August). Die Handwerksmeister und – anfangs noch – Gesellen sind bestrebt, für ihr sozial und ökonomisch konservatives, gegen Gewerbefreiheit, Industrie und Kapitalismus gerichtetes Programm bei der Nationalversammlung Gehör zu finden. Eine vom Kongreß entworfene gesamtdeutsche Handwerker- und Gewerbeordnung wird am 15. August der Paulskirche vorgelegt.

18. Juli: Auf Bitte des hessen-nassauischen Ministeriums Hergenhahn entsendet die Zentralgewalt in Mainz stationierte Reichstruppen – vormals Bundestruppen – nach Wiesbaden, wo sich ein Konflikt über die Verhaftung einer Arbeiterdelegation zum offenen Aufstand der Bürgerwehr entwickelt hat. Die Aufständischen werden verhaftet, die Bürgerwehr reorganisiert; einige nassauische Radikale fliehen ins Ausland.

In Wien setzt Erzherzog Johann, in seiner Funktion als Stellvertreter des österreichischen Kaisers, ein liberales Ministerium unter dem Freiherrn von Wessenberg ein.

20. Juli: Nachdem auf dem Frankfurter Handwerker- und Gewerbekongreß, der am 15. Juli begonnen hat, die Meister die Gesellen von den Beratungen ausgeschlossen haben, organisieren diese einen eigenen Kongreß in Frankfurt (tagt bis 20. September). Die Gesellen beschließen, ihre Versammlung »Allgemeiner Arbeiterkongreß« zu benennen; damit signalisieren sie den Anschluß an die entstehende Arbeiterbewegung.

22. Juli: In Wien wird der konstituierende Reichstag eröffnet. Aus allen habsburgischen Ländern, abgesehen von Ungarn und Lombardo-Venezien, sind 383 Abgeordnete zur Beratung einer mit dem Kaiser zu vereinbarenden gesamtösterreichischen Verfassung zusammengekommen; die Deutschen bilden eine Minderheit.

26. Juli: Die Verfassungskommission der Preußischen Nationalversammlung legt einen eigenen, von dem am 22. Mai bekanntgegebenen königlichen Entwurf unabhängigen Verfassungsentwurf vor (»Charte Waldeck«). Dieser entspricht den Prinzipien des liberalen Konstitutionalismus, mit deutlich demokratischer Akzentuierung: Einführung einer dem Parlament verpflichteten Volkswehr (neben stehendem Heer und Landwehr), nur suspensives – aufschiebendes – Veto des Monarchen, entschieden antifeudale Bestimmungen, Kontrolle der Regierung durch das Parlament, Streichung des königlichen Titelzusatzes »von Gottes Gnaden«, Abschaffung des Adels.

27. Juli: Die Paulskirche bestätigt die von der preußischen Regierung am 4. Juni festgesetzte Demarkationslinie in der Provinz Posen, die den Polen weniger als ein Drittel des Gebiets übrigläßt. Während das Vorparlament sich noch dafür ausgesprochen hatte, einen selbständigen polnischen Staat wiederherzustellen – gemäß dem Selbstbestimmungsrecht der Völker –, setzt sich nun die »nationalantagonistische« Position (Wolfram Siemann) durch.

31. Juli: Bei einem Zusammenstoß zwischen Garnison und Bürgerwehr in Schweidnitz, in der preußischen Provinz Schlesien, eröffnen die Soldaten ohne Warnung das Feuer, 14 Bürger werden erschossen. Das Vorgehen des Militärs ruft überall Empörung hervor.

6. August: Die Aufforderung des Reichskriegsministers Eduard v. Peucker vom 16. Juli, in den deutschen Staaten eine Huldigungsparade für den Reichsverweser abzuhalten, wird nur in den Kleinstaaten vorschriftsmäßig befolgt, in den größeren hingegen nur in verwässerter Form oder gar nicht. Dies führt der Zentralgewalt die Grenzen ihres Zugriffs auf die Truppen der Einzelstaaten deutlich vor Augen.

7. August: In der Paulskirche kommt es bei der Debatte um die Zulassung Friedrich Heckers zur National-

Sitzung des österreichischen Reichstags in der k.k. Reitschule in Wien

versammlung – am 7. Juni im badischen Thiengen gewählt – zum Handgemenge zwischen linken und rechten Abgeordneten, nachdem Lorenz Brentano den Prinzen von Preußen und Hecker auf eine Stufe gestellt hat; die Sitzung wird abgebrochen. Am nächsten Tag setzen sich die Unruhen in der Versammlung und auf den Zuschauergalerien fort, erneut wird die Sitzung geschlossen.

12. August: Der österreichische Kaiser Ferdinand, am 17. Mai mit seinem Hof nach Innsbruck geflohen, kehrt nach Wien zurück.

18./19. August: In Berlin formiert sich die Gegenrevolution: Der preußische »Verein zur Wahrung der Interessen des Grundbesitzes und Förderung des Wohlstands aller Volksklassen« hält seine Generalversammlung ab (»Junkerparlament«).

23. August: In Wien spitzt sich der Sozialkonflikt zu. Durch öffentliche Erd- und Bauarbeiten beschäftigte Arbeiter demonstrieren gegen eine Lohnsenkung. Die bürgerliche Nationalgarde und die vom Gemeindeausschuß eingesetzte Munizipalgarde gehen bewaffnet gegen die Demonstranten vor, es entwickeln sich Kämpfe, bei denen 18 Arbeiter und 4 Mitglieder der bürgerlichen Sicherheitskräfte ums Leben kommen

(»Praterschlacht«). Damit ist der Bruch der Revolutionskoalition aus Arbeitern und Bürgern vollzogen.

In Berlin wird der Allgemeine Arbeiterkongreß eröffnet (tagt bis zum 3. September). Im Zentrum der Verhandlungen, bei denen Stephan Born die führende Rolle spielt, stehen nicht allgemeinpolitische Forderungen, steht nicht die soziale Revolution, sondern die Reform durch konkrete Selbsthilfe der Arbeiter: Pläne für eine Sozialversicherung (in Gestalt von Hilfskassen, finanziert aus Mitgliedsbeiträgen), Fragen der Lohn- und der Arbeitsmarktpolitik. Ein Ergebnis des »sozialen Parlaments« ist die deutschlandweite »Assoziation« der Arbeiter in der »Arbeiterverbrüderung«, einem Gesamtverband mit Lokal- und Bezirkskomitees, geleitet von einem Zentralkomitee mit Sitz in Leipzig.

24. August: In Wien löst sich der am 26. Mai ins Leben gerufene Sicherheitsausschuß – gleichermaßen als Stadtregierung und als Gegenspieler der Staatsregierung agierend – auf. Ursachen dafür sind einerseits innere Gegensätze bei der Beurteilung der »Praterschlacht« vom Vortag und andererseits der Druck der Regierung, die die Exekutivgewalt in Wien wieder an sich zieht.

26. August: Preußen schließt eigenmächtig mit Dänemark den Waffenstillstand von Malmö ab, auf Drängen

Englands und Rußlands, die offenbar bereit sind, sich für die Wahrung des *status quo* in Schleswig und Holstein auch militärisch einzusetzen. Die gemäß dem von der Paulskirche verabschiedeten Reichsgesetz vom 28. Juni eigentlich zuständige Frankfurter Provisorische Zentralgewalt hat Preußen bei den Verhandlungen übergangen. Damit ist die faktische Machtlosigkeit der Zentralgewalt allen vor Augen geführt, dieser bleibt lediglich die nachträgliche Billigung. Der Waffenstillstand umfaßt die Einstellung der Feindseligkeiten für sieben Monate, die Aufhebung der Blockademaßnahmen, die Räumung der Herzogtümer Schleswig und Holstein von Truppen Dänemarks und von ortsfremden Reichstruppen, die Ersetzung der Provisorischen Regierung durch eine gemischte Verwaltungskommission. Die deutsche Öffentlichkeit reagiert empört auf den Waffenstillstand, der als Preisgabe nationaler Positionen angesehen wird.

31. August: Der österreichische Reichstag in Wien beschließt, auf den Antrag von Hans Kudlich vom 26. Juli hin, Maßnahmen zur Bauernbefreiung: die Aufhebung der obrigkeitlichen Gewalt der Grundherren ohne Entgelt und die Aufhebung der Dienste und Abgaben gegen Entschädigung. Das Grundentlastungsgesetz wird am 7. September vom Kaiser verkündet.

2. September: Der am 23. August zusammengetretene Allgemeine Arbeiterkongreß fordert die Paulskirche auf, die Arbeiterorganisation anzuerkennen. In den bisherigen Beratungen der Nationalversammlung werde die »soziale Frage« ausgeklammert, die jedoch die »Lebensfrage eines Teils der europäischen Bevölkerung« darstellt. Für die meisten »Staatsmänner« waren bisher »die Arbeiter eigentlich gar nicht als Staatsbürger da und sichtbar, sondern nur als Ziffern in den Bevölkerungslisten«. Der Staat »kennt nur den Besitz, als etwas Bleibendes, und die Besitzenden als bereits verschiedentlich organisierte und leiblich vorhandene Staatsbürger-Kasten«. Nun aber hat auch die Arbeiterschaft einen »Organismus« gebildet, damit müssen die »Besitzer der Arbeit« in der Gesetzgebung anerkannt werden, indem »Existenz und Fortdauer unserer Organisation und Assoziation für alle Zeiten geschützt« werden. Wenn dies nicht geschieht, müssen die Arbeiter »der Geißel des Schicksals gehorchen, und unter der Macht der finstern Not aus den wärmsten Freunden der bestehenden Ordnung zu den bittersten Feinden derselben werden«.

5. September: Die Paulskirche beschließt, daß die Maßnahmen zur Ausführung des Waffenstillstands von Malmö eingestellt werden sollen; dies ist der erste Sieg der Linken in der Nationalversammlung (238:221 Stimmen).

Das Reichsministerium Leiningen, das das preußische Vorgehen im nachhinein gebilligt hat, tritt zurück, weil es in dieser wichtigen Frage im Dissens zur Nationalversammlung steht.

7. September: Eine Kölner Volksversammlung mit 4.000 Teilnehmern protestiert gegen den Waffenstillstand von Malmö.

8. September: Das preußische Ministerium Auerswald-Hansemann tritt zurück, weil der Bruch mit der preußischen Nationalversammlung nicht mehr zu kitten ist. Das Ministerium hatte sich am 2. September geweigert, einen Beschluß der Nationalversammlung (»Antrag Stein« vom 9. August) umzusetzen, demzufolge der Kriegsminister anordnen sollte, »daß die Offiziere allen reaktionären Bestrebungen fernbleiben, nicht nur Konflikte jeglicher Art mit dem Zivil vermeiden, sondern durch Annäherung an die Bürger und Vereinigung mit denselben zeigen, daß sie mit Aufrichtigkeit und Hingebung an der Verwirklichung eines konstitutionellen Rechtszustandes mitarbeiten wollen«. Solch allgemeine Erlasse seien, so die Begründung des Ministeriums für die Ablehnung, »mit dem Geist und Wesen der Armee« nicht vereinbar.

11.-13. September: In Chemnitz kommen die sächsischen Arbeiterunruhen zum Höhepunkt. Proteste gegen das sächsische Märzministerium verbinden sich mit Konflikten über die Entlassung von inhaftierten Arbeitern; die Kommunalgarde verliert die Kontrolle über die Stadt. Daraufhin ruft der Stadtrat Militär zu Hilfe, dieses schlägt den Aufstand nieder.

15. September: In der Wiener Bevölkerung formieren sich gegenrevolutionäre Kräfte: Ein Monarchisch-Konstitutioneller Verein wird gegründet, der binnen weniger Tage über 20.000 Mitglieder gewinnt.

16. September: Die Paulskirche nimmt ihren Beschluß vom 5. September, die Maßnahmen zur Ausführung des Waffenstillstandes von Malmö seien einzustellen, zurück; sie erklärt nun, die Ausführung nicht mehr verhindern zu wollen (258:237 Stimmen). Mit ihrer ›realpolitischen‹ Entscheidung akzeptieren die Abgeordneten die Schwäche ihrer eigenen Exekutive – der Provisorischen Zentralgewalt – und beugen sich der faktischen Überlegenheit Preußens. Der Preis dafür ist ein erheblicher Ansehensverlust der Nationalversammlung in der Bevölkerung: weite Teile der Öffentlichkeit werten das »Umfallen« der Abgeordneten als »Verrat« an der nationalen Sache, als Preisgabe an Preußen; noch am gleichen Tag finden erste Demonstrationen vor der Paulskirche statt.

Reichsverweser Erzherzog Johann beruft ein neues Reichsministerium unter Vorsitz des Österreichers Anton v. Schmerling. Angesichts des neuen Beschlusses der Paulskirche stellen sich die am 5. September zurückgetretenen Reichsminister – außer Leiningen und Heckscher – wieder zur Verfügung.

17. September: Die Annahme des Waffenstillstands von Malmö durch die Paulskirche gibt das Signal zu einer neuen Revolutionswelle.

Auf der Pfingstweide bei Frankfurt findet, organisiert vom Demokratischen Verein und vom Arbeiterverein, eine Volksversammlung mit über 10.000 Teilnehmern statt. Diejenigen Abgeordneten, die dem Waffenstillstand zugestimmt haben, werden zu »Verrätern des deutschen Volks, der deutschen Freiheit und Ehre« erklärt. Die an der Versammlung teilnehmenden Abgeordneten von der Linken lehnen es jedoch ab, aus der Paulskirche auszutreten.

Bei Worringen am Rhein findet eine Massenversammlung statt, die sich für die demokratische und soziale Republik ausspricht und die Paulskirche zum Widerstand gegen Preußen aufruft.

18. September: In Frankfurt bricht nun ein offener Aufstand aus. Eine erregte Menschenmenge versucht, in die Paulskirche einzudringen. Die in der Nacht vom Reichsministerium zum Schutz der Paulskirche aus Mainz angeforderten Reichstruppen, ein preußisches und ein österreichisches Bataillon, räumen gewaltsam

Erstürmung der Barrikade in der Töngesgasse zu Frankfurt am 18. September 1848

den Vorplatz, mehrere Demonstranten werden verletzt. Die Menge weicht zurück, man beginnt, in der Innenstadt Barrikaden zu bauen. Der Aufstand wird jedoch, unter Leitung des Reichskriegsministers Eduard v. Peucker, schnell niedergeschlagen, 80 Aufständische kommen dabei ums Leben. Zwei preußische Paulskirchenabgeordnete von der Rechten, Fürst Felix v. Lichnowsky und General Hans v. Auerswald, werden von Aufständischen umgebracht.

19. September: Reichsverweser Erzherzog Johann verhängt den Belagerungszustand über die Stadt Frankfurt, setzt das Kriegsrecht in Kraft und erläßt ein Versammlungsverbot für Vereine. Über 600 Gerichtsverfahren gegen Aufständische werden eröffnet.

Das Reichsministerium beschließt, über 12.000 Mann Reichstruppen in Beobachtungslagern zusammenzuziehen – bei Ulm, am Mittel- und Oberrhein, bei Frankfurt und in Thüringen –, zur »schnellen und kräftigen Unterdrückung anarchischer Bewegungen und Aufstände«.

In Wien bittet eine Delegation des ungarischen Reichstags den österreichischen Reichstag um Vermittlung im Konflikt mit der kroatischen Freiheitsbewegung. Die Kroaten gehen, unter Führung des Dichters und Generals Joseph Freiherr v. Jellačić, seit dem 11. September militärisch gegen Ungarn vor; unterstützt vom Wohlwollen des Kaisers, der die Kroaten als Werkzeug gegen die ungarischen Unabhängigkeits-

Gustav von Struve bricht mit seinen Freischärlern von Lörrach auf, 22. September 1848

bestrebungen benutzt. Lediglich die deutschen Demokraten und die polnischen Abgeordneten setzen sich für die Ungarn ein, die Mehrheit des österreichischen Reichstags jedoch verweigert die Unterstützung.

20. September: Der badische Revolutionär Friedrich Hecker resigniert im Kampf um die demokratische Republik, er schifft sich in Southampton nach den Vereinigten Staaten ein.

21. September: Im badischen Lörrach verkündet Gustav v. Struve, aus dem Schweizer Exil kommend, vom Rathausbalkon die Republik, in der irrigen Meinung, der Frankfurter Aufstand vom 18. September sei erfolgreich verlaufen. Struve erklärt sich zum Führer einer provisorischen Regierung und ruft zu den Waffen.

23. September: Der neue preußische Ministerpräsident General Ernst v. Pfuel, dessen Kabinett am Vortag berufen wurde, legt mit dem »Anti-Reaktions-Erlaß« den Konflikt mit der Preußischen Nationalversammlung bei, welcher zum Rücktritt des Ministeriums Auerswald-Hansemann am 8. September geführt hatte. Er ordnet an, die militärische Führung habe »reaktionären Bestrebungen ... entschieden entgegenzutreten«.

Straßenkämpfe in Staufen am 24. September 1848

24. September: Der republikanische Aufstand im badischen Oberland, von Gustav v. Struve am 21. September in die Wege geleitet, wird von badischen Truppen und Reichstruppen im Gefecht bei Staufen niedergeschlagen. Lediglich 500-1.000 Freischärler hatten sich dem Zug Struves nach Freiburg angeschlossen; dieser wird am nächsten Tag verhaftet. Am 26. September wird in Baden das Standrecht verhängt.

26. September: Im rheinpreußischen Köln wird wegen der am Vortag ausgebrochenen Unruhen der Belagerungszustand verkündet und die Bürgerwehr aufgelöst.

3. Oktober: Die österreichische Regierung sagt den ungarischen Unabhängigkeitsbestrebungen nun den offenen Kampf an: Der ungarische Reichstag wird für aufgelöst erklärt, der Belagerungszustand über Ungarn verhängt. Der Führer der seit dem 11. September militärisch gegen Ungarn vorgehenden kroatischen Freiheitsbewegung, Joseph Freiherr v. Jellačić, wird zum Oberbefehlshaber über alle ungarischen Truppen und zum Stellvertreter des Kaisers in Ungarn ernannt.

Der »Zentralausschuß der deutschen Demokraten«, die Dachorganisation der demokratischen Vereine mit Sitz in Berlin, fordert dazu auf, die Paulskirche »im Namen der Volkssouveränität« zu stürzen. Die Wähler sollen den Abgeordneten das Mandat entziehen und sich für Neuwahlen nach direktem Wahlverfahren ein-

Wiener Straßenkämpfe am 6. Oktober 1848

setzen, um derart den »wahren Willen der Nation« zur Geltung zu bringen. Wenn dies nicht geschehe, müsse es notwendig zu einer »neuen und blutigen Revolution« kommen.

In Mainz beginnt der erste deutsche Katholikentag, die Versammlung der Pius-Vereine unter Leitung von Franz Joseph Buß (bis 6. Oktober). Sich als »geistiges Parlament des katholischen Volkes« verstehend, stellt der Katholikentag in einer »Verwahrung an die deutsche Nationalversammlung« Forderungen hinsichtlich der Stellung der katholischen Kirche in der künftigen Reichsverfassung. Die Pius-Vereine schließen sich zum »Katholischen Verein Deutschlands« zusammen.

6. Oktober: In Wien bricht die Oktoberrevolution aus. Die in Wien stationierten deutschen Truppen werden von einer Volksmenge daran gehindert, auszumarschieren, um unter dem bislang erfolglosen Kroaten Jellačić gegen die Ungarn zu kämpfen; einige Truppenteile solidarisieren sich mit der Bevölkerung. Als Kriegsminister Latour auf dem Abmarsch beharrt, entwickeln sich Kämpfe, bei denen die Nationalgarden der Innenstadt und der Leopoldstadt auf seiten des loyalen Militärs gegen Arbeiter, Studenten und Vorstadtgarden vorgehen. Doch die sich im Zeughaus bewaffnenden Aufständischen, deren Zahl auf 100.000 geschätzt wird, siegen und nehmen die Stadt in Besitz. Das Kriegsministerium wird gestürmt, Kriegsminister Latour dankt ab und wird bei dem Versuch, unerkannt zu entfliehen, entdeckt und an einer Laterne gehenkt. Die Regierungstruppen werden abgezogen.

7. Oktober: Der österreichische Kaiser Ferdinand und sein Hof fliehen nach Olmütz; auch Angehörige des Wiener Großbürgertums verlassen die Stadt. Der Reichstag, wegen des Auszugs der rechten Abgeordneten nun ein von der Linken dominiertes Rumpfparlament, erklärt sich in Permanenz und setzt anstelle der zersprengten Regierung einen »Sicherheitsausschuß« für Wien und den Gesamtstaat ein. Zum führenden Organ der Oktoberrevolution wird jedoch nicht dieser, sondern der neukonstituierte Wiener Gemeinderat. Auch die Arbeiter bilden jetzt, wie die Bürger und Studenten, einen bewaffneten Verband, die »Mobilgarde«.

Der preußische Ministerpräsident Ernst v. Pfuel reicht seine Demission ein, nachdem ihm Friedrich Wilhelm IV. mitgeteilt hat, er werde den am 26. Juli von der Verfassungskommission der Nationalversammlung vorgelegten Entwurf (»Charte Waldeck«) »niemals und unter keiner Bedingung« annehmen. Der König nimmt den Rücktritt jedoch nicht an.

10. Oktober: Die Frankfurter Provisorische Zentralgewalt entsendet Ludwig v. Mühlenfels als Reichskommissar nach Thüringen, um die dortigen Aufstände militärisch zu unterdrücken; dies gelingt ihm mit Hilfe der sächsischen und thüringischen Truppen bis Anfang November.

12. Oktober: Mit dem Auftrag, im Konflikt um Wien zu vermitteln, schickt die Provisorische Zentralgewalt Karl Welcker und Ludwig Mosle als Reichskommissare nach Österreich. Ihre Mission bleibt jedoch ohne Erfolg, sie stoßen bei Hof und militärischer Führung auf taube Ohren, und bis ins revolutionäre Wien dringen sie nicht vor.

Die Preußische Nationalversammlung beginnt mit der Beratung des am 26. Juli vorgelegten Verfassungsentwurfs (»Charte Waldeck«). Die Streichung der Formel »von Gottes Gnaden« im Titel des Königs wird beschlossen.

16. Oktober: In Berlin eskalieren die seit Anfang des Monats wachsenden Spannungen zwischen Arbeitern und Bürgerwehr in der Schießerei auf dem Köpenicker Feld. Gegen streikende, auf öffentliche Kosten beschäftigte Erdarbeiter rückt die Bürgerwehr an, bei den anschließenden Kämpfen kommen elf Arbeiter und ein Mitglied der Bürgerwehr ums Leben. Friedrich Wilhelm IV. spricht der Bürgerwehr seinen Dank aus.

Als der König die Verhängung des Belagerungszustands über Berlin verlangt, weigert sich Ministerpräsident Ernst v. Pfuel, noch immer um eine Verständigung zwischen Parlament und Krone bemüht, und reicht er-

Die Berliner Bürgerwehr schießt auf dem Köpenicker Feld auf Arbeiter, 16. Oktober 1848

neut – wie schon am 7. Oktober – seine Demission ein. Friedrich Wilhelm IV. stimmt diesmal zu, doch wird die Entlassung des Ministeriums bis zum 1. November geheimgehalten, Pfuel führt die Amtsgeschäfte solange weiter.

Der österreichische Kaiser Ferdinand kündigt in einem Manifest an, Streitkräfte gegen Wien – »den Sitz der Insurrektion« – zu entsenden, um »Ordnung, Ruhe und Gesetzlichkeit« wiederherzustellen. Fürst Alfred v. Windischgrätz erhält den Oberbefehl über die kaiserlichen Truppen und beginnt mit den Vorbereitungen für die militärische Wiedereroberung Wiens.

17. Oktober: Eine Abordnung der linken Paulskirchenfraktionen, bestehend aus Robert Blum, Albert Trampusch, Julius Fröbel und Moritz Hartmann, kommt im aufständischen Wien an und wird begeistert empfangen.

19. Oktober: Die Paulskirche beginnt mit der Beratung der Reichsverfassung, auf der Basis eines vom Verfassungsausschuß vorgelegten Entwurfs.

20. Oktober: Die militärische Eroberung Wiens kündigt sich an: Der Oberbefehlshaber der österreichischen Truppen, Fürst Alfred v. Windischgrätz, verhängt den Belagerungszustand über die Stadt. Alle Zivilbehörden werden unter »Militärautorität« gestellt, Übertretungen gegen deren Anordnungen sollen nach Standrecht geahndet werden.

21. Oktober: Der Belagerungsring um Wien wird geschlossen. Windischgrätz verfügt über 70.000 Mann, denen geschätzte 30.-40.000 Mann im aufständischen Wien gegenüberstehen.

22. Oktober: Der in Wien tagende österreichische Reichstag, nach Auszug der rechten Abgeordneten ein von der Linken dominiertes Rumpfparlament, erklärt die am 20. Oktober verkündeten »Maßregeln des Belagerungszustands und des Standrechts für ungesetzlich«.

23. Oktober: Der österreichische Oberbefehlshaber Fürst Alfred v. Windischgrätz erläßt eine Proklamation an den Wiener Gemeinderat, in der er die Unterwerfung der Stadt, die Ablieferung der Waffen, die Auflösung aller bewaffneten Korps und der Akademischen Legion, die Schließung der Universität, die Stellung der Führer der akademischen Legion sowie von 12 Studenten als Geiseln und die Auslieferung weiterer noch zu benennender Personen fordert. Zugleich wird der Reichstag vom Kaiser wegen der »anarchischen Zustände« unterbrochen und nach Kremsier in Mähren verlegt. Sowohl die städtischen Behörden als auch der Reichstag weigern sich, den Anordnungen Folge zu leisten.

25. Oktober: Der Großangriff der um Wien zusammengezogenen Truppen auf die Stadt beginnt.

26. Oktober: In Berlin wird der Zweite Demokratenkongreß eröffnet, anwesend sind 234 Deputierte, die 260 Vereine aus Deutschland vertreten (tagt bis zum 31. Oktober). Die Forderung nach demokratischer Republik und das Bekenntnis zu den Menschenrechten bildet den schmalen gemeinsamen Nenner der Versammlung, die ein ansonsten heterogenes linkes Spektrum abdeckt: von bürgerlich-demokratischen Junghegelianern wie Arnold Ruge über Vertreter der Arbeiterbewegung wie Stephan Born bis hin zu Kommunisten wie Wilhelm Weitling. Ein gemeinsames Programm kommt nicht zustande, ebensowenig die von Born angestrebte Verbindung mit der Arbeiterbewegung.

27. Oktober: In der Paulskirche stimmt eine große Mehrheit für die »großdeutsche« Lösung: Die multinationale Habsburgermonarchie soll aufgespalten werden in einen deutschen, dem künftigen Deutschen Reich zugehörigen und einen reichsfremden Teil; bei-

Fürst Windischgrätz bombadiert Wien,
28. Oktober 1848

de Teile wären durch die habsburgische Personalunion verbunden.

In Berlin tritt ein »Gegenparlament« zusammen, ein Versuch, die linke Opposition aus den deutschen Parlamenten zu gemeinsamer Aktion zu sammeln. Obgleich auch einige Abgeordnete der Paulskirche teilnehmen, ist der Mobilisierungserfolg außerhalb Preußens sehr gering; das Gegenparlament bleibt insgesamt ohne Wirkung.

29. Oktober: Der Wiener Gemeinderat bittet den österreichischen Oberbefehlshaber Fürst Alfred v. Windischgrätz, die Stadt möglichst rasch einzunehmen, damit Arbeiteraufstände und Plünderungen verhindert werden.

30. Oktober: Die ungarischen Truppen, die dem aufständischen Wien zu Hilfe gekommen sind, werden kurz vor der Stadt im Gefecht bei Schwechat geschlagen.

31. Oktober: Der Wiener Gemeinderat bittet Windischgrätz erneut um die Einnahme der Stadt. Weil sich jedoch die Arbeiter der bedingungslosen Kapitulation widersetzen, wird die Wiener Innenstadt nur schrittweise, auf dem Wege der Beschießung und Erstürmung, erobert.

Mehrere tausend Aufständische und über tausend Soldaten kommen bei den Kämpfen insgesamt ums Leben. Dem militärischen Sieg folgt die Verhaftung und Verurteilung der Revolutionsführer, von 72 Todesurteilen werden 25 vollstreckt. Die bereits am 23. Oktober erfolgte Vertagung des Reichstags wird nun durchgesetzt, er wird am 22. November im mährischen Kremsier wiedereröffnet.

Die Eroberung Wiens bedeutet den entscheidenden Sieg für die Gegenrevolution in Österreich. Der Kaiserstaat, in dem sich die militärisch-bürokratischen, zentralistisch gesinnten Kräfte regeneriert und durchgesetzt haben, ist nun wieder eine deutsche und europäische Großmacht. Die Wiener Ereignisse wirken als Signal: sie machen deutlich, daß es lediglich des entschiedenen militärischen Vorgehens bedarf, um die längst zerbröckelnde Revolutionsfront zu zerschlagen.

In der Preußischen Nationalversammlung, wo man vom Sieg der österreichischen Gegenrevolution noch nichts weiß, wird der Antrag abgelehnt, die preußische Regierung zur Unterstützung der Wiener Revolution mit »allen dem Staate zu Gebote stehenden Mitteln und Kräften« aufzufordern. Statt dessen verabschiedet man den gemäßigten – und absehbar wirkungslosen – Antrag, die Regierung aufzufordern, bei der Frankfurter Zentralgewalt Schritte einzuleiten, um die Volksfreiheit und den Reichstag in Österreich zu schützen.

Vor dem Sitzungsgebäude kommt es zu Angriffen auf Abgeordnete und zu gewalttätigen Auseinandersetzungen zwischen Demonstranten und der Bürgerwehr. Doch die vergleichsweise geringe Beteiligung der Bevölkerung an den Protesten zeigt, daß die entschieden revolutionäre Position an Rückhalt verliert.

1. November: Graf Brandenburg teilt der Preußischen Nationalversammlung mit, daß er vom König mit der Bildung einer neuen Regierung beauftragt wurde.

3. November: Der König weist eine Adresse der Preußischen Nationalversammlung vom Vortag zurück, in der diese dem neuen Ministerpräsidenten Graf Brandenburg das Mißtrauen ausspricht. Friedrich Wilhelm IV. sichert aber zu, den »konstitutionellen Weg unverrückt zu verfolgen«.

Im geheimen macht sich der König jedoch, ermutigt durch die Wiener Ereignisse, an die Umsetzung des seit dem 11. September vorliegenden gegenrevolutionären Programms. Die neue Regierung unter Brandenburg erhält vom König den Auftrag, »die Märzrevolution entschieden und siegreich zu stürzen«.

9. November: Auch in Preußen geht nun die Gegenrevolution in die Offensive. Ministerpräsident Graf Brandenburg verliest in der Preußischen Nationalversammlung eine Botschaft des Königs: Wegen der »anarchischen Bewegungen« in Berlin – insbesondere wegen der Ausschreitungen vom 31. Oktober – seien die

Abgeordneten in der Hauptstadt nicht mehr sicher. Deshalb verlege der König die Nationalversammlung in die Stadt Brandenburg, wo sie am 27. November wiedereröffnet werde. Mit Graf Brandenburg verlassen 77 Abgeordnete von der Rechten den Saal. Die übrigen Abgeordneten widersetzen sich der Auflösung, die sie als unrechtmäßig betrachten.

In Wien wird der linke Paulskirchenabgeordnete Robert Blum wegen seiner Beteiligung am Wiener Aufstand standrechtlich erschossen. Mit diesem Akt hat die erfolgreiche österreichische Gegenrevolution demonstrativ mit der Paulskirche gebrochen. Die Bestürzung ist groß, auf die Nachricht von Blums Tod hin finden vielerorts Volksversammlungen und Trauerkundgebungen statt, vor allem in Sachsen und im Rheinland.

10. November: In Berlin hält die Preußische Nationalversammlung ihre Sitzung ab, ungeachtet der vom König am Vortag angeordneten Vertagung. Am Nachmittag rücken die um die Stadt zusammengezogenen Truppen in Berlin ein. Die Bevölkerung leistet keinen Widerstand; unter dem Druck des Militärs verlassen die Abgeordneten ihr Versammlungslokal.

11. November: Der preußische König erklärt die Berliner Bürgerwehr, die etwa 30.000 Mann umfaßt, für aufgelöst. Die Preußische Nationalversammlung, die sich erneut – trotz der Vertagung vom 9. November – versammelt hat, protestiert dagegen.

12. November: In Berlin wird der Belagerungszustand verkündet. Die Gegenrevolution geht gegen die Institutionen der Revolution vor: Alle politischen Vereine werden aufgelöst, größere Versammlungen untersagt, Zeitungen verboten oder zumindest zensiert. Zugleich beginnt die Entwaffnung der Bevölkerung. Die Preußische Nationalversammlung verurteilt den Belagerungszustand als »ungesetzliche Maßnahme«.

14. November: Über Berlin wird das Kriegsrecht verhängt, obwohl sich kein ernstlicher Widerstand gegen die militärische Besetzung der Stadt regt.

Die Paulskirche fordert die preußische Regierung auf, die am 9. November verkündete Vertagung und Verlegung der preußischen Nationalversammlung zurückzunehmen. Der König soll eine Regierung berufen, die »das Vertrauen des Landes besitzt, und die Besorgnisse vor reaktionären Bestrebungen und Beeinträchtigung der Volksfreiheiten zu beseitigen geeignet ist«.

15. November: In Berlin wird die Preußische Nationalversammlung, die sich der Vertagung bislang widersetzte – von einem Tagungslokal zum anderen wandernd –, endgültig durch Militär aufgelöst.Unmittelbar

Erschießung Robert Blums in Wien, 9. November 1848
Die Auflösung der Preußischen Nationalversammlung in Berlin am 15. November 1848

zuvor beschließen die Abgeordneten einen Aufruf zur Steuerverweigerung: Bis zur Fortsetzung der Beratungen der Nationalversammlung in Berlin sollen keine Steuern mehr gezahlt werden. Doch der Appell bleibt ohne größere Durchschlagskraft, ihm wird nur vereinzelt im Rheinland, in Westfalen und in Schlesien Folge geleistet.

16. November: Die Paulskirche beschließt einen Protest gegen die Hinrichtung ihres Abgeordneten Robert Blum am 9. November in Wien. Sie fordert das Reichsministerium zur Bestrafung der Schuldigen auf. Dieses leitet entsprechende Schritte ein, die jedoch angesichts der machtpolitischen Schwäche Frankfurts gegenüber Wien ohne Erfolg bleiben.

17. November: Im Königreich Sachsen setzen sich die Demokraten bei den landesweiten Neuwahlen der Gemeindevertretungen durch.

18. November: In Münster tritt ein Kongreß westfälischer Demokraten mit 150 Deputierten zusammen. Der Kongreß ruft – anknüpfend an den letzten Beschluß der aufgelösten Preußischen Nationalversammlung vom 15. November – zur Steuerverweigerung auf und fordert die Paulskirche dazu auf, mit Reichstruppen in Berlin zu intervenieren.

20. November: Die Paulskirche erklärt den Steuerverweigerungsbeschluß der Preußischen Nationalversammlung vom 15. November für rechtswidrig und folglich für »null und nichtig«. Sie beharrt aber zugleich auf ihrer Forderung vom 14. November, die Regierung Brandenburg sei abzulösen durch ein Ministerium, »welches das Vertrauen des Landes besitzt«.

21. November: In Österreich wird, im Zuge der gegenrevolutionären Neuordnung, eine neue Regierung berufen. Felix Fürst zu Schwarzenberg, Vorkämpfer eines straff zentralistisch geführten Großösterreich, wird Ministerpräsident und Außenminister.

22. November: Der österreichische Reichstag wird in der mährischen Stadt Kremsier wiedereröffnet.

23. November: In Frankfurt wird der Zentralmärzverein (»Verein der Märzerrungenschaften«) gegründet, um eine deutschlandweite Einheitsfront der Linken gegen die erstarkende Gegenrevolution aufzubauen. Die Initiative geht von linken Abgeordneten der Paulskirche aus, von Gustav Eisenmann, Julius Fröbel – der zum Vorsitzenden gewählt wird –, Franz Raveaux, Heinrich Simon, Wilhelm v. Trützschler und Hugo Wesendonck. Das programmatische Ziel des Vereins, der sowohl Anhänger der konstitutionellen

Monarchie als auch der Republik versammelt, besteht darin, »die demokratischen Grundlagen aller Verfassungen, die Freiheit und die unveräußerlichen Rechte des Volkes in gesetzlicher Weise zu erzielen und sicherzustellen«. Der Zentralmärzverein dehnt sich rasch in Mittel- und Süddeutschland aus, in Gestalt von lokalen Zweigvereinen und regionalen Zentralausschüssen.

24. November: Im thüringischen Erfurt entwickeln sich heftige Straßenkämpfe zwischen preußischem Militär und Bürgern, nachdem sich diese der Einberufung zur Landwehr verweigert haben. 20 Aufständische werden bei den Kämpfen getötet, 7 weitere nach der Niederschlagung der Unruhe hingerichtet. Über Erfurt wird der Belagerungszustand verhängt.

27. November: Der österreichische Ministerpräsident Felix Fürst zu Schwarzenberg stellt auf dem am 22. November in Kremsier wiedereröffneten Reichstag sein Regierungsprogramm vor. Er verspricht eine Verfassung und eine Reihe liberaler Reformen, darunter die Aufhebung der Patrimonialgerichtsbarkeit und die Trennung von Verwaltung und Justiz. Den großdeutschen Plänen der Paulskirche, Österreich aufzuspalten in dem Deutschen Reich zugehörige und nicht zugehörige Teile, erteilt Schwarzenberg eine eindeutige Abfuhr: »Österreichs Fortbestand in staatlicher Einheit ist ein deutsches wie europäisches Bedürfnis. Von dieser Überzeugung durchdrungen, sehen wir der natürlichen Entwicklung des noch nicht vollendeten Umgestaltungsprozesses entgegen. Erst wenn das verjüngte Österreich und das verjüngte Deutschland zu neuen und festen Formen gelangt sind, wird es möglich sein, ihre gegenseitigen Beziehungen staatlich zu bestimmen. Bis dahin wird Österreich fortfahren, seine Bundespflichten treulich zu erfüllen.«

Die Preußische Nationalversammlung, am 15. November in Berlin aufgelöst, wird in der Stadt Brandenburg wiedereröffnet. Da zunächst nur 154 Abgeordnete von der Rechten und der Mitte erschienen sind, ist die Versammlung noch nicht beschlußfähig.

2. Dezember: Der österreichische Kaiser Ferdinand, krank und zunehmend handlungsunfähig, dankt ab. Nachfolger auf dem Kaiserthron wird sein Neffe, der achtzehnjährige Franz Joseph. Dieser bekennt sich zur Einheit Österreichs, auf der Linie des Programms des Ministerpräsidenten Schwarzenberg vom 27. November. Den Titel »konstitutioneller Kaiser«, den sich Ferdinand seit dem März zugelegt hatte, übernimmt sein Nachfolger nicht, dieser nennt sich nun wieder »von Gottes Gnaden«.

5. Dezember: Die Preußische Nationalversammlung, am 27. November in der Stadt Brandenburg wiedereröffnet und von vielen linken Abgeordneten boykottiert, wird vom König aufgelöst.

Am gleichen Tag oktroyiert Friedrich Wilhelm IV. eine Verfassung für Preußen. Diese orientiert sich in den Grundzügen an der Verfassungsarbeit der Nationalversammlung. Die Veränderungen betreffen einerseits eine Reihe radikaler Beschlüsse, die nicht übernommen werden, andererseits die Position des Königs, dessen Stellung wesentlich gestärkt wird, insbesondere durch die Mittel des absoluten Veto und durch das Notverordnungsrecht.

Gemäß der Verfassung wird eine Volksvertretung in zwei Kammern einberufen – sie wird am 26. Februar zusammentreten –, deren Hauptaufgabe die Revision der Verfassung im Einvernehmen mit der Regierung bilden soll. Die Zweite Kammer ist nach allgemeinem und gleichem (Männer-)Wahlrecht zu wählen, ausgeschlossen werden lediglich die Bezieher öffentlicher Armenunterstützung.

Die Verfassung wird aufgrund ihres dem gemäßigten Liberalismus entsprechenden Zuschnitts vielfach gut aufgenommen, auch wenn sie nicht zwischen Monarchen und Volksvertretern vereinbart, sondern vom König – wieder im Vollbesitz der inneren Souveränität – einseitig erlassen worden ist.

15. Dezember: In Frankfurt tritt der Reichsministerpräsident Anton v. Schmerling zurück. Nachdem Schwarzenberg am 27. November im Namen der siegreichen Gegenrevolution den Fortbestand Österreichs »in staatlicher Einheit« verkündet hat, ist Schmerlings großdeutschem Kurs, ist dem Plan einer Aufspaltung der Donaumonarchie in reichsfremde und reichszugehörige Teile der Boden entzogen. Zu seinem Nachfolger wird Heinrich v. Gagern, Verfechter der kleindeutschen Lösung, berufen; ansonsten wird das Reichsministerium nicht umgebildet.

18. Dezember: Die Paulskirche wählt Eduard Simson zu ihrem Präsidenten, als Nachfolger des zum Reichsministerpräsidenten ernannten Heinrich v. Gagern. Gagern legt der Nationalversammlung sein kleindeutsch-erbkaiserliches Regierungsprogramm vor, den Plan eines engeren und eines weiteren Bundes: Deutschland soll zunächst ohne Österreich als Bundesstaat konstituiert werden, mit dem preußischen König als Erbkaiser; das Verhältnis zur Habsburgermonarchie sei in einer späteren, von der künftigen deutschen Regierung mit Österreich zu vereinbarenden »besonderen Unionsakte« festzulegen. Daraus folge, daß die Verfassung des deutschen Bundesstaates »nicht Gegenstand der Unterhandlung mit Österreich sein« kann.

Der Kurswechsel des Reichsministeriums vom großdeutschen Programm Schmerlings zum kleindeutschen Kurs Gagerns hat die schrittweise Neugruppierung der Fraktionen in der Paulskirche zur Folge, jenseits des ideologischen Rechts-Links-Schemas. Auf der einen

Seite sammeln sich nun die vorwiegend süddeutschen und österreichischen »Großdeutschen«, die auf dem Einschluß Österreichs beharren, auf der anderen die Anhänger des kleindeutsch-preußischen Programms, die »Erbkaiserlichen«.

20. Dezember: Die Paulskirche verabschiedet, nach Abschluß der zweiten Lesung, den Grundrechtsteil der Reichsverfassung. Im Zentrum der Frankfurter Grundrechte steht, der liberalen Programmatik des Vormärz und den Märzforderungen entsprechend, die Sicherung der individuellen Freiheitsrechte: Freizügigkeit, Wohn- und Arbeitsrecht in allen Staaten, Schutz vor willkürlicher Verhaftung, Öffentlichkeit und Mündlichkeit des Gerichtsverfahrens. Mit Pressefreiheit, Vereins- und Versammlungsfreiheit erhält sodann auch die politische Öffentlichkeit ihren grundrechtlichen Schutz. Ergänzt werden die Freiheitsrechte durch die Festlegung der staatsbürgerlichen Gleichheit: Gleichheit vor dem Gesetz, Aufhebung des Adels als Stand. An die Stelle der in vieler Hinsicht noch ständischen Gesellschaftsordnung soll die moderne Eigentümergesellschaft treten, charakterisiert durch die Unverletzlichkeit des von feudalen Bindungen befreiten Eigentums. Weiterhin bestimmen die Grundrechte ein neues Verhältnis zwischen Staat und Kirche, mit Glaubensfreiheit, Unterordnung der Kirche unter den Staat und Durchsetzung der staatlichen Oberaufsicht über die Schule anstelle der kirchlichen. Schließlich werden in den Grundrechten auch die Grundzüge der einzelstaatlichen Verfassungen festgelegt: freie Gemeindeordnung, Einführung von Volksvertretungen, Ministerverantwortlichkeit, Ministeranklage und Gesetzesinitiative des Parlaments. Entsprechend der bürgerlich-liberalen Ausrichtung der Mehrheit lehnt es die Paulskirche zwar ab, die von der parlamentarischen Linken sowie von außerparlamentarischen Organisationen geforderten sozialen Rechte aufzunehmen. Nichtsdestotrotz lassen sich in vielen Bestimmungen auch sozialstaatliche Züge ausmachen, etwa der kostenlose Unterricht für Unbemittelte oder die Vereinigungsfreiheit für gewerkschaftliche Koalitionen.

27. Dezember: Die am 20. Dezember in der Paulskirche verabschiedeten Grundrechte des deutschen Volkes werden als Reichgesetz verkündet.

Auch wenn die Grundrechte *de iure* in Kraft treten, so können sie doch *de facto* nur durch die Publikation in den Einzelstaaten zur Geltung kommen. Die Reaktion der einzelstaatlichen Bevollmächtigten bei der Zentralgewalt auf die Grundrechte ist allerdings »niederschmetternd« (Veit Valentin): Österreich lehnt die Publikation ab, Preußen und die Mittelstaaten Bayern und Sachsen knüpfen sie an eine Reihe von Bedingungen; nur die Vertreter Württembergs, Hessen-Darmstadts, Badens und der Freien Stadt Frankfurt sagen die Publikation zu.

28. Dezember: Der österreichische Ministerpräsident Schwarzenberg erteilt Gagerns kleindeutschem Programm vom 18. Dezember eine deutliche Absage: »Österreich ist heute noch eine deutsche Bundesmacht. Diese Stellung ... gedenkt es nicht aufzugeben.« Im neuen deutschen Staatskörper, begründet durch die künftige Reichsverfassung, wird Österreich »seine Stelle zu behaupten wissen«. Die Frage der künftigen Gestaltung Deutschlands sei nur »auf dem Wege der Verständigung mit den deutschen Regierungen, unter welchen die kaiserliche den ersten Platz einnimmt, zu erreichen«.

1849

13. Januar: In der Paulskirche erhält der Reichsministerpräsident Heinrich v. Gagern für sein kleindeutsch-erbkaiserliches Regierungsprogramm vom 18. Dezember eine knappe Mehrheit (261:224 Stimmen).

Die schrittweise Umbildung der Paulskirchenfraktionen in Anhänger von Gagerns Programm (»Erbkaiserliche«) und in dessen rechte wie linke Gegner (»Großdeutsche«) wird immer deutlicher; zur organisatorischen Verfestigung der neuen Fraktionen kommt es im Februar.

23. Januar: Ein preußisches Rundschreiben an alle deutschen Regierungen (»Zirkulardepesche«) spricht sich für Gagerns Programm eines kleindeutschen Bundes aus, für einen »Bundesstaat innerhalb des Bundes«. In Österreich ist man empört, Ministerpräsident Schwarzenberg erklärt seinen Widerstand: »hinauswerfen lassen wir uns aus Deutschland nicht«.

In Frankfurt entsteht – trotz der Zurückhaltung des Rundschreibens hinsichtlich des preußischen Kaisertums – der Eindruck, der schwankende preußische König habe sich jetzt entschlossen, mit der Paulskirche zusammenzuarbeiten; insbesondere die Erbkaiserlichen fühlen sich ermutigt.

In den Beratungen der Paulskirche über das Oberhaupt des künftigen Deutschen Reichs spitzt sich die

Debatte auf die Alternative gewähltes oder erbliches Kaisertum zu, nach der Ablehnung der Alternativen zum Kaisertum, der republikanischen Präsidentschaft (339:122 Stimmen) und des dynastischen Direktoriums (361:97 Stimmen). Der Antrag der Erbkaiserlichen, die Würde des Reichsoberhaupts für erblich zu erklären, fällt allerdings zunächst einmal durch (263:211 Stimmen), doch auch verschiedene Konzeptionen des Wahlkaisertums finden bei der ersten Lesung der Reichsverfassung keine Mehrheit.

28. Januar: Nachdem die erste Lesung der Reichsverfassung in der Paulskirche abgeschlossen ist, fordert das Reichsministerium Gagern die deutschen Staaten dazu auf, sich zu dieser zu äußern: »damit gegründete Bedenken, welche auf besonderen und wesentlichen Bedürfnissen der Einzelstaaten beruhen, in Zeiten durch Vermittlung der Regierungen zur Kenntnis der Versammlung gelangen und bei der zweiten Beratung eine gerechte Erwägung finden mögen«.

Im Verlauf des Februar und des März treffen die Antworten ein: Österreich und die vier Königreiche Bayern, Sachsen, Württemberg und Hannover lehnen den Entwurf ab, wohingegen Preußen und weitere dreißig deutsche Regierungen sich einverstanden erklären.

26. Februar: In Preußen tritt die im Januar gewählte Zweite Kammer zusammen, gemäß der oktroyierten Verfassung vom 5. Dezember. Die Kammer, in die eine Reihe von Abgeordneten der aufgelösten Preußischen Nationalversammlung wiedergewählt wurde, erweist sich nicht als gefügig; sie stellt die oktroyierte Verfassung in Frage und wendet sich insbesondere gegen das königliche Notverordnungsrecht.

2. März: Die Paulskirche beschließt, bei der zweiten Lesung der Reichsverfassung, das allgemeine, gleiche, direkte und geheime (Männer-)Wahlrecht. Die überraschende Mehrheit hierfür verdankt sich der taktisch motivierten Stimmabgabe österreichischer Abgeordneter vom rechten Zentrum. Mit dieser demokratischen Grundlage, so das Kalkül, werde die Reichsverfassung für den preußischen König unannehmbar und damit die kleindeutsche Lösung verhindert.

7. März: Der österreichische Reichstag, am 22. November 1848 im mährischen Kremsier wiedereröffnet, wird nun gewaltsam aufgelöst. Zugleich setzt Kaiser Franz Joseph eine Verfassung für das gesamte Habsburgerreich, datiert auf den 4. März, einseitig in Kraft.

Mit ihrem unitarischen Charakter erteilt die oktroyierte Verfassung dem Nationalitätenprinzip eine klare Absage, die Landesverwaltungen werden den zentralen Ministerien straff untergeordnet. Auch die staatsrechtliche Einheit zwischen deutschen und nichtdeutschen Teilen Österreichs wird festgelegt. Die Verfassung wird allerdings nur teilweise wirksam: das Unterhaus wird nie gewählt, und die Grundrechte treten in weiten Teilen Österreichs aufgrund des dort verhängten Ausnahmezustands nicht in Kraft; 1851 wird die Verfassung wieder aufgehoben

9. März: Die österreichische Regierung bekräftigt ihren Standpunkt zur Frage der künftigen Gestaltung Deutschlands: Österreich kann »seine deutschen Provinzen nicht aus dem innigen Verbande reißen, der die Monarchie zur Einheit gestaltet. Wenn Deutschland dieses Bedürfnis nicht anerkennt, wird die kaiserlich-königliche Regierung es beklagen, aber deshalb ihre Lebensbedingung nicht aufgeben. Wer die Einheit Deutschlands wirklich will, wird den Weg suchen, der es Österreich möglich macht, ohne Aufgeben seiner selbst im Gesamtvaterlande zu verbleiben.«

12. März: In Frankfurt reagiert Karl Theodor Welcker, Führer der Großdeutschen in der Paulskirche, auf die gewaltsame Auflösung des österreichischen Reichstags und den Verfassungsoktroi vom 7. März mit einer völligen Kehrtwende. Zur allgemeinen Überraschung schließt er sich der Position der Erbkaiserlichen an und stellt den Antrag, die Reichsverfassung *en bloc* anzu-

Karl Theodor Welcker (1790-1869), Politiker und Staatsrechtslehrer

nehmen – ohne die zweite Lesung zu beenden – und die erbliche Kaiserwürde dem preußischen König zu übertragen.

13. März: Der österreichische Ministerpräsident Schwarzenberg verlangt, in einer Note an das Frankfurter Reichsministerium, den Eintritt des gesamten Kaiserstaats in den neuen deutschen Staatenbund.

21. März: In der Paulskirche wird der Antrag Welckers vom 12. März, die Reichsverfassung sofort anzunehmen und den preußischen König zum Erbkaiser zu wählen, abgelehnt (283:252 Stimmen).

22. März: Das Reichsministerium Gagern erklärt seinen Rücktritt, nachdem das Scheitern von Welckers Antrag am Vortag deutlich gemacht hat, daß das kleindeutsche Programm keine parlamentarische Mehrheit mehr besitzt. Gagern führt die Amtsgeschäfte jedoch bis zu seiner endgültigen Demission am 10. Mai kommissarisch weiter.

27. März: In der Paulskirche wird die zweite Lesung der Reichsverfassung beendet. Eine knappe Mehrheit nimmt nun das am 23. Januar noch abgelehnte Erbkaisertum an (267:263 Stimmen). Die Annahme verdankt sich zum einen dem Votum von vier Österreichern – die damit gegen Schwarzenbergs Politik protestieren –, zum anderen dem »Simon-Gagern-Pakt«, einem schriftlich fixierten Bündnis zwischen den Erbkaiserlichen und einer Splittergruppe der Linken um Heinrich Simon, der Fraktion »Braunfels«. Diesem Abkommen gemäß stimmt die Gruppe um Simon für das Erbkaisertum, während im Gegenzug ein Großteil der Erbkaiserlichen für das bloß aufschiebende (»suspensive«) – und nicht absolute – Veto des Reichsoberhaupts gegenüber dem Reichstag sowie für das allgemeine Wahlrecht votiert.

28. März: Die Paulskirche wählt den preußischen König Friedrich Wilhelm IV. zum erblichen Kaiser der Deutschen; 290 Abgeordnete stimmen dafür, 248 enthalten sich.

Die Reichsverfassung, deren zweite Lesung am Vortag beendet wurde, wird amtlich verkündet. Nach Auffassung der Paulskirche tritt sie damit unmittelbar – auch ohne Zustimmung der Einzelstaaten – in Kraft.

Die Reichsverfassung ist in ihren institutionellen Arrangements um einen Ausgleich, um ein Gleichgewicht bemüht: zum einen zwischen zentralistischen und föderalistischen Kräften, zum anderen zwischen demokratischen und monarchischen Elementen.

Außenpolitik und militärische Führung sind Sache der Reichsgewalt, ebenso auch wichtige Bereiche der Innenpolitik (u. a. Verkehr, Zölle und Abgaben, übergreifende Gesetzgebung, Post- und Fernmeldewesen). Für alles andere besitzen die konstitutionell organisierten Einzelstaaten die Zuständigkeiten, welche ihnen nur mit Zustimmung des Reichstags entzogen werden können. Das Reichsoberhaupt, der erbliche »Kaiser der Deutschen«, ernennt zwar die Regierung, doch ihm gegenüber steht ein Reichstag, der über eine Reihe bedeutender Rechte und Einflußmöglichkeiten verfügt: unter anderem bei der Reichsgesetzgebung, bei der Kontrolle der Staatsfinanzen, bei der Erhebung von Steuern und beim Abschluß völkerrechtlicher Verträge; der Reichstag hat zudem das Recht der Ministeranklage. Er setzt sich aus einem Staatenhaus – je zur Hälfte aus Vertretern der Regierungen und der Volksvertretungen der Einzelstaaten gebildet – und einem nach demokratischem (Männer-)Wahlrecht gewählten Volkshaus zusammen. Neben Reichsoberhaupt und Reichstag besteht ein Reichsgericht, das für Klagen bezüglich der Verfassungsordnung von Reich und Einzelstaaten zuständig ist.

3. April: Eine Deputation von 32 Abgeordneten der Paulskirche, in Berlin festlich empfangen, trägt dem preußischen König die deutsche Kaiserkrone an. In seiner Antwort beruft sich Friedrich Wilhelm IV. auf den Grundsatz der Vereinbarung: bevor er annehmen könne, müsse erst das »freie Einverständnis« der deutschen Regierungen eingeholt werden. In gemeinsamer Beratung wäre zu prüfen, »ob die Verfassung dem Ein-

Eine Deputation der Frankfurter Nationalversammlung unter ihrem Präsidenten Eduard Simson trägt am 3. April 1849 in Berlin dem preußischen König die Krone eines Kaisers der Deutschen an

zelnen wie dem Ganzen frommt, ob die mir übertragenen Rechte mich in den Stand setzen würden, mit starker Hand, wie ein solcher Beruf es von mir fordert, die Geschicke des großen deutschen Vaterlandes zu leiten, und die Hoffnungen seiner Völker zu erfüllen«. Am Ende seiner Rede macht der König eine Erklärung, die als Drohung mit militärischen Mitteln aufgefaßt werden muß: »Bedarf es des deutschen Schildes und Schwertes gegen äußere oder innere Feinde, so werde ich auch ohne Ruf nicht fehlen.« Die Deputation interpretiert die Antwort des Königs zutreffend als »schlecht verhüllte Absage« (Veit Valentin).

5. April: Österreich bricht nun vollständig mit der Paulskirche, indem es seine Abgeordneten aus der Nationalversammlung abberuft.

12. April: Die Paulskirche wählt einen dreißigköpfigen »Ausschuß für die Durchführung der Reichsverfassung«.

14. April: In einer Kollektivnote erkennen 28 mittlere und kleine Staaten die Reichsverfassung bedingungslos an: Baden, Hessen-Kassel, Hessen-Darmstadt, Oldenburg, beide Mecklenburg, Schleswig-Holstein, Lauenburg, Braunschweig, Nassau, Sachsen-Weimar, Sachsen-Altenburg, Sachsen-Koburg, Sachsen-Meiningen, drei anhaltische Staaten, beide Schwarzburg, beide Reuß, beide Hohenzollern, Waldeck sowie die vier Freien Städte Hamburg, Bremen, Lübeck und Frankfurt.

Schwerer als die annehmenden wiegen jedoch die ablehnenden Staaten. Nicht dabei sind die beiden deutschen Vormächte – Preußen und Österreich – und die vier Königreiche Bayern, Württemberg, Sachsen und Hannover. Die Ablehnung führt in diesen Staaten, außer in Österreich, in den folgenden Wochen zu Volksbewegungen für die Reichsverfassung.

15. April: Nach Österreich beruft nun auch Bayern seine Abgeordneten aus der Paulskirche ab.

22. April: In der sächsischen Landeshauptstadt Dresden versammeln sich Vertreter von 219 sächsischen Vaterlandsvereinen. Man beschließt, den Landtag aufzufordern, zur Steuerverweigerung aufzurufen, um auf diese Weise die Regierung zur Anerkennung der Reichsverfassung zu zwingen.

23. April: In München findet eine Versammlung der bayerischen Märzvereine statt, die sich für die »unbedingte Anerkennung« der Reichsverfassung ausspricht; eine im Rathaus ausgelegte Adresse wird von 12.000 Menschen unterschrieben. Doch große Teile der Bevölkerung unterstützen die Regierung in ihrer Ablehnung der Reichsverfassung, wie aus der Vielzahl der Gegenpetitionen ersichtlich wird. Für die Reichsverfassung setzen sich Schwaben, Franken und vor allem die Pfalz ein, dagegen steht insbesondere Altbayern.

24. April: Der württembergische König Wilhelm I. erklärt nun doch sein Einverständnis mit der Reichsverfassung, auf wachsenden öffentlichen Druck hin: Die landesweite Protestbewegung – koordiniert vom Landesausschuß der Volksvereine und dem Zentralmärzverein – droht, sich in einen bewaffneten Aufstand zu verwandeln. Mit der Anerkennung der Reichsverfassung entspannt sich die Lage wieder.

25. April: In Hannover löst König Ernst August beide Ständekammern auf, nachdem die landesweite Bewegung für die Anerkennung der Reichsverfassung auch die Abgeordneten erfaßt hat. Daraufhin durchzieht eine Welle von Protesten das Land: viele Magistrate und lokale Bürgervertretungen – in Emden, Göttingen, Einbeck, Hameln, Osterode – sprechen sich für die Reichsverfassung aus, in Hannover und Eystrup finden große Volksversammlungen statt, und die Volksvereine fordern die Entlassung des Ministeriums Stüve, die Wiedereinberufung der Stände und die Einführung der Reichsverfassung. Obwohl der König bei seiner ablehnenden Haltung bleibt, kommt es nicht zum gewaltsamen Aufstand.

27. April: Die preußische Zweite Kammer wird durch königlichen Befehl aufgelöst, nachdem sie am 21. April die Reichsverfassung als rechtsgültig anerkannt hat. Dabei kommt es zu Demonstrationen, bei denen das Militär in die Menge schießt und vier Demonstranten tötet. Ansonsten bleibt es jedoch ruhig in der preußischen Hauptstadt, die noch immer unter militärischem Belagerungszustand steht.

28. April: Der preußische König Friedrich Wilhelm IV. lehnt, in einem Schreiben seines Ministeriums an die Frankfurter Zentralgewalt, die ihm am 3. April angetragene deutsche Kaiserwürde ebenso ab wie die Anerkennung der Reichsverfassung. Die Reichsverfassung trage subversiven Charakter: sie ist ein Mittel, »um allmählich und auf anscheinend legalem Wege die oberste Gewalt zu beseitigen und die Republik einzuführen«.

Auch der sächsische König Friedrich August löst beide Kammern des Landtags auf. Dieser hatte – dem Aufruf der Vaterlandsvereine vom 22. April entsprechend – die Bewilligung der Steuern abgelehnt, um den König zur Anerkennung der Reichsverfassung zu zwingen.

1. Mai: Obwohl Baden die Reichsverfassung anerkennt, wächst die Unruhe im Großherzogtum. In Mannheim ruft der Provisorische Landesausschuß der badischen Volksvereine zur Volksbewaffnung auf. Die »bedrohliche Lage des Vaterlandes« mache es notwendig, »daß das Volk sich bereit hält, sein Recht und seine Freiheit mit den Waffen zu schirmen«.

2. Mai: Die Weigerung des bayerischen Königs, die Reichsverfassung anzuerkennen, führt zu Protesten, die in der bayerischen Pfalz im offenen Aufstand münden. In Kaiserslautern findet eine Volksversammlung für die Anerkennung der Reichsverfassung mit über 12.000 Teilnehmern statt. Die Versammlung weigert sich, die von einer radikalen Minderheit geforderte Revolutionsregierung einzusetzen, sie ruft statt dessen einen zehnköpfigen »Landesverteidigungsausschuß« ins Leben. Der Ausschuß erhält die Aufgabe, »alle Mittel zur Durchführung der Reichsverfassung zu beschaffen und dazu vor allem die gesamte Bürgerwehr der Pfalz in Anspruch zu nehmen«.

Binnen weniger Tage ist die Pfalz vom Aufstand für die Reichsverfassung ergriffen, auch Truppenteile schließen sich an; die beiden Festungen Landau und Germersheim bleiben allerdings loyal.

3. Mai: In Sachsen eskaliert, nach Auflösung des Landtags am 28. April, der Konflikt um die Anerkennung der Reichsverfassung. Als bekannt wird, daß der König preußische Truppen zur Unterstützung angefordert hat, bricht in Dresden der Aufstand aus, Barrikaden

Barrikade an der Großen Frauengasse zu Dresden, Anfang Mai 1849

werden errichtet (unter den Aufständischen sind der königliche Hofbaumeister Gottfried Semper, der königliche Kapellmeister Richard Wagner und der russische Anarchist Michael Bakunin). Beim Sturm auf das Zeughaus kommen 20 Aufständische ums Leben. Die Stadtverwaltung ruft einen revolutionären Sicherheitsausschuß ins Leben, sowohl zur Aufrechterhaltung von Ruhe und Ordnung als auch zur Organisation der Abwehr eines preußischen Angriffs.

Im preußischen Elberfeld beschließt eine »Generalversammlung« der Landwehr, man werde sich für die Durchsetzung der Frankfurter Reichsverfassung mit »Person und Ehre« einsetzen. Das Ministerium Brandenburg wird für »volksfeindlich« erklärt, man sehe sich dem Gehorsam gegenüber der »absoluten Krone« entbunden.

4. Mai: Die Paulskirche appelliert, um die Ablehnungsfront der großen und mittleren deutschen Staaten gegenüber der Reichsverfassung doch noch zu durchbrechen, nun auch an die breite Bevölkerung. Sie fordert »die Regierungen, die gesetzgebenden Körper, die Gemeinden der Einzelstaaten, das gesamte deutsche Volk auf, die Verfassung des deutschen Reiches vom 28. März des Jahres zur Anerkennung und Geltung zu bringen«. Am 15. Juli soll das Volkshaus gewählt werden, am 22. August dann der Reichstag in Frankfurt zusammentreten.

Der sächsische König Friedrich August flieht aus

dem aufständischen Dresden auf die Festung Königstein. Der am Vortag konstituierte revolutionäre Sicherheitsausschuß und das Militär beschließen einen Waffenstillstand. Die Aufständischen wählen eine Provisorische Regierung, die in der Folge die Anerkennung von 24 sächsischen Städten findet.

5. Mai: In Dresden läuft der Waffenstillstand ab. Die sächsischen Soldaten eröffnen das Feuer, unterstützt von eintreffenden preußischen Truppen.

6. Mai: Der Zentralmärzverein – die am 23. November gegründete Dachorganisation der Linken mit inzwischen über einer halben Million Mitgliedern – hält in Frankfurt eine Generalversammlung unter der Leitung seines Präsidenten Julius Fröbel ab. Der Verein ruft zum bewaffneten Kampf auf. Gegen die »Gewalt rebellischer Regierungen«, mit Preußen an der Spitze, müsse die Reichsverfassung, entsprechend der Aufforderung der Paulskirche vom 4. Mai, »zur Anerkennung und Geltung« gebracht werden. Nun sei die Zeit gekommen, »wo es gilt, für die Freiheit, für die Einheit des gesamten deutschen Vaterlandes Gut und Leben einzusetzen«: »Wer Waffen tragen kann, rüste sich sie zu gebrauchen! Bildet Wehrvereine, schließt Euch aneinander«.

In Mannheim ruft der Landesausschuß der badischen Volksvereine dazu auf, den bayerischen Truppen den Durchmarsch in die aufständische bayerische Pfalz zu verweigern.

Im schwäbischen Kempten findet eine Volksversammlung mit etwa 10.000 Teilnehmern statt. Die bayerische Regierung wird aufgefordert, die Reichsverfassung anzunehmen.

Der Leipziger Stadtrat beschließt, man werde beim Kampf um Dresden neutral bleiben; er stellt die Stadt unter den Schutz der Frankfurter Zentralgewalt. Der daraufhin anhebende Aufstand radikaler Kräfte wird von der Bürgerwehr sogleich niedergeschlagen.

7. Mai: Im schlesischen Breslau wird ein am Vortag ausgebrochener Aufstand für die Reichsverfassung von preußischen Truppen niedergeschlagen. 12 Aufständische kommen ums Leben, 120 werden verhaftet.

Die Karlsruher Bürgerwehr fordert die badische Regierung dazu auf, sie auf die Reichsverfassung zu vereidigen und Maßnahmen zum Schutz der aufständischen bayerischen Pfalz einzuleiten.

8. Mai: Auf einem »Rheinischen Städtetag« in Köln appellieren Vertreter von 303 Gemeinden an das »gesamte Volk der Rheinlande und namentlich alle waffenfähigen Männer«, sich für die Reichsverfassung einzusetzen. Die Paulskirche wird aufgefordert, »nunmehr schleunigst kräftigere Anordnungen zu treffen, um dem Widerstande des Volkes in den einzelnen deutschen

Staaten und namentlich auch in der Rheinprovinz jene Einheit und Stärke zu geben, die allein imstande sind, die wohlorganisierte Gegenrevolution« zu verhindern.

Die Heidelberger Bürgerwehr erklärt, die Reichsverfassung »mit allen Kräften gegen alle hochverräterischen Pläne und Umtriebe« schützen zu wollen, unter Einsatz von »Leib und Leben, Gut und Blut«.

9. Mai: In Dresden wird der am 3. Mai ausgebrochene Aufstand von preußischen und sächsischen Truppen niedergeschlagen. Etwa 250 der schlecht bewaffneten Aufständischen kommen bei den Kämpfen ums Leben, auf seiten des Militärs werden 31 Tote gemeldet. Tausende von gerichtlichen Untersuchungen beginnen, 869 Aufständische werden inhaftiert und verurteilt. Einige Anführer erhalten jahrelange Zuchthausstrafen, der letzte wird 1863 entlassen. Die sächsischen Volksvereine werden aufgelöst.

10. Mai: Das Reichsministerium Gagern tritt endgültig zurück. Mit der Absage des preußischen Königs an Kaisertum und Reichverfassung vom 28. April ist das kleindeutsche Projekt Gagerns unübersehbar gescheitert. Hinzu kommt das Zerwürfnis mit dem nun immer entschiedener gegenrevolutionär eingestellten Reichsverweser.

Mit Gagerns Demission verliert die Paulskirche ihre

zentrale Integrationsfigur: die erbkaiserliche Partei zerbricht, die sich radikalisierende Nationalversammlung und die Provisorische Zentralgewalt treten weiter auseinander.

Die badische Zweite Kammer fordert die amtliche Veröffentlichung der Reichsverfassung und die Vereidigung von Militär und Zivil auf diese. Die badische Regierung, angesichts der landesweit in Gang gekommenen Mobilisierung der Volksvereine in der Defensive, bewilligt beides.

Die pfälzischen Aufständischen nehmen Ludwigshafen ein, das bayerische Militär weicht zurück. Viele Soldaten – meist pfälzischer Herkunft – laufen über und werden sogleich auf die Reichsverfassung vereidigt.

Im hessen-darmstädtischen Wörrstadt finden sich auf einer großen Volksversammlung über 2.000 Bewaffnete aus Rheinhessen – vor allem aus Mainz – ein. Der Plan, auf Mainz und Darmstadt zu marschieren, wird aufgegeben; etwa 1.500 Freischärler machen sich statt dessen auf den Weg in die aufständische Pfalz.

11. Mai: In der badischen Reichsfestung Rastatt kommt es zum Soldatenaufstand. Auslöser dafür ist die Verhaftung einiger Soldaten, die mit dem Volksverein in Verbindung getreten sind.

12. Mai: In Offenburg findet der Landeskongreß der badischen Volksvereine statt; die angereisten Vertreter repräsentieren über 400 Vereine mit 35-40.000 Mitgliedern. Der Antrag der radikalen Minderheit, sofort die Republik auszurufen, wird abgelehnt. Die gemäßigt-demokratische Mehrheit verabschiedet statt dessen eine Reihe von Forderungen an die badische Regierung: Auflösung der Kammern, Rücktritt der Regierung Bekk, Aufhebung der seit Januar verabschiedeten Kammerbeschlüsse, Wahl einer Verfassunggebenden Versammlung nach demokratischem Wahlrecht, Zurückberufung der politischen Flüchtlinge, Entlassung der politischen Häftlinge und Niederschlagung aller politischen Prozesse.

Der Rastatter Soldatenaufstand greift auf die in Bruchsal und Lörrach stationierten badischen Truppen über.

13. Mai: Die badische Regierung lehnt die Forderungen des Offenburger Landeskongresses der Volksvereine vom Vortag ab. Der Kongreß, dem sich nun auch Vertreter der aufständischen Soldaten angeschlossen haben – zwei von ihnen werden in den Landesausschuß aufgenommen –, erklärt sich daraufhin für permanent und beschließt, seinen Sitz in Rastatt zu nehmen. Um die Regierungsgewalt im Lande zu übernehmen, werden in alle Landesteile Zivilkommissare entsandt.

Auf der sich anschließenden Offenburger Volksversammlung mit über 20.000 Teilnehmern wird das Programm der radikal-demokratischen Republikaner angenommen, entworfen von Amand Goegg, dem stellvertretenden Vorsitzenden des Landesausschusses der Volksvereine: Deutschland befinde sich im Zustand der Revolution, der Notwehr, provoziert durch den Angriff der »fürstlichen Rebellen« auf die Reichsverfassung und auf »die Freiheit überhaupt«. Um den »Grundsatz der Volkssouveränität vollkommen durchzuführen«, müssen die »deutschen Stämme« sich gegenseitig unterstützen, auf dem Wege des »bewaffneten Widerstands«. Eine Reihe von Beschlüssen wird gefaßt: Unterstützung der Volksbewegung in der Pfalz, Aufforderung der badischen Regierung zur Anerkennung der Reichsverfassung, Bildung einer neuen badischen Regierung unter Lorenz Brentano, sofortige Auflösung der Stände und demokratische Wahl einer verfassunggebenden Landesversammlung, »welche in sich die gesamte Rechts- und Machtvollkommenheit des badischen Volkes vereinigt«, Volksbewaffnung auf Staatskosten, Verschmelzung des stehenden Heeres mit der Volkswehr, Aufhebung der Militärgerichtsbarkeit, freie Wahl der Offiziere, Zurückberufung der politischen Flüchtlinge, Entlassung der politischen Gefangenen und Niederschlagung aller politischen Prozesse; unentgeltliche Aufhebung aller Grundlasten, Erklärung der Gemeinden für »unbedingt selbständig«, Neuwahl der Gemeindevertreter, Ungültigkeitserklärung der Kammerbeschlüsse seit dem 17. Januar, sofortige Einführung von Geschworenengerichten, Abschaffung der »alten Verwaltungs-Büreaukratie«, statt dessen »freie Verwaltung der Gemeinden oder andern Körperschaften«, Errichtung einer »Nationalbank für Gewerbe, Handel und Ackerbau zum Schutze gegen das Übergewicht der großen Kapitalisten«, Einführung der progressiven Einkommensteuer, »Errichtung eines großen Landespensionsfonds, aus dem jeder arbeitsunfähig gewordene Bürger unterstützt werden kann«.

Der Landesausschuß der Volksvereine wird von der Versammlung damit beauftragt, »die nötigen Anordnungen zur Durchführung dieser Beschlüsse mit allen ihm zu Gebote stehenden Mitteln zu treffen«. Am gleichen Abend fährt der stellvertretende Vorsitzende des Ausschusses, Amand Goegg, mit 160 Getreuen in einem Sonderzug in die Reichsfestung Rastatt, um dort die Befehlsgewalt zu übernehmen.

Der badische Großherzog Leopold flieht über das Elsaß in die Reichsfestung Mainz, eingeschüchtert durch die Offenburger Ereignisse und das Überspringen des badischen Soldatenaufstands auf die in der Residenz Karlsruhe stationierten Truppen.

Eine in der Nähe von Nürnberg stattfindende Volksversammlung mit über 20.000 Teilnehmern fordert die bayerische Regierung zur Anerkennung der Reichsverfassung auf.

14. Mai: Der Landesausschuß der badischen Volksvereine kommt in die Residenz Karlsruhe, aus welcher der Großherzog am Vorabend geflohen ist. Amand Goegg, stellvertretender Vorsitzender des Ausschusses, kann sich mit seiner Forderung nach Ausrufung der Republik gegen den Vorsitzenden, den gemäßigteren Lorenz Brentano nicht durchsetzen. Dieser tritt an die Spitze einer vom Landesausschuß ernannten provisorischen Regierung (»Exekutivkommission«). – Brentanos Führung wird von Heer und Beamtenschaft weitgehend anerkannt; es gelingt ihm in der Folge, die Unruhe im Land wieder zu beruhigen und die Lage zu stabilisieren.

Auch Preußen beruft nun, nach Österreich (5. April) und Bayern (15. April), seine Abgeordneten aus der Paulskirche ab. Die Aufgabe der Nationalversammlung sei mit der Verabschiedung der Reichsverfassung erledigt, diese stehe nun nicht mehr »auf gesetzlichem Boden«.

15. Mai: Die Paulskirche erklärt, den pfälzischen Aufstand zu unterstützen: sie »stellt die bayerische Rheinpfalz bei der in derselben zur Durchführung der Reichsverfassung entstandenen Bewegung unter den Schutz des Reichs«.

Im aufständischen Baden wird die Auflösung der beiden Kammern des Landtags und die Wahl einer konstituierenden Versammlung beschlossen.

17. Mai: Das neue Reichsministerium Grävell-Detmold, von Reichsverweser Erzherzog Johann am Vortag berufen, stellt der Paulskirche sein gegenrevolutionäres Regierungsprogramm vor. Der Vollzug der Reichsverfassung liege außerhalb der Zuständigkeit der Zentralgewalt, diese erkenne ihre Aufgabe vielmehr darin, »allen ungesetzlichen und gewaltsamen Bewegungen, welche die Durchführung der Verfassung zum Vorwand oder Anlaß haben, mit allen ihr zu Gebote stehenden Mitteln entgegenzutreten«.

In Kaiserslautern wird eine provisorische Revolutionsregierung für die aufständische bayerische Pfalz eingesetzt. Diese erkennt die Reichsverfassung an und erklärt, daß sich die Pfalz von Bayern abtrenne: man wolle künftig nicht mehr eine »zinspflichtige Domäne des Hauses Wittelsbach« sein.

Das aufständische Iserlohn wird von preußischem Militär eingenommen, mit über 100 Toten. Wie in Elberfeld, Barmen, Essen, Krefeld, Gladbach und Prüm hatte sich auch in Iserlohn die Landwehr der Mobilisierung widersetzt; allein hier war es jedoch den Aufständischen gelungen, sich der Stadt vollständig zu bemächtigen. Der rücksichtslose Militäreinsatz macht den Unruhen in den preußischen Westprovinzen ein Ende.

18. Mai: Die Paulskirche spricht dem neuen, gegenrevolutionär eingestellten Reichsministerium Grävell-Detmold mit großer Mehrheit ihr Mißtrauen aus (192:12 Stimmen). Anders als seine Vorgänger regiert das Kabinett Grävell-Detmold fortan ohne Unterstützung der Paulskirchenmehrheit, die nach dem Ausscheiden vieler Abgeordneter nun bei der Linken liegt.

19. Mai: Auch Sachsen beruft seine Abgeordneten aus der Paulskirche ab, nachdem sich – mit der Niederschlagung des Dresdner Aufstandes am 9. Mai – die Gegenrevolution im Lande durchgesetzt hat.

Die im rheinpreußischen Köln erscheinende »Neue Rheinische Zeitung« wird verboten, Karl Marx und die anderen Redakteure ausgewiesen.

20. Mai: Als Reaktion auf die zunehmende Radikalisierung der Paulskirche, die wegen des Ausscheidens vieler Abgeordneter nunmehr von der Linken dominiert wird, erklären 65 Abgeordnete des rechten Zentrums ihren Austritt. Unter ihnen sind Ernst Moritz Arndt, Georg Beseler, Friedrich Christoph Dahlmann, Johann Gustav Droysen, Heinrich v. Gagern, Karl Mathy, Gustav v. Mevissen, Eduard Simson, Georg Waitz.

In der aufständischen Pfalz scheitert der Versuch, die von loyalen bayerischen Truppen gehaltene Festung Landau einzunehmen.

23. Mai: Auch das Königreich Hannover beruft seine Abgeordneten aus der Paulskirche ab.

25. Mai: In Oberlaudenbach findet eine Volksversammlung statt, gedacht als Anstoß zur Revolutionierung Hessen-Darmstadts nach badischem Vorbild. Doch anders als in Baden läuft das Militär nicht über, die Versammlung wird gewaltsam aufgelöst, viele Teilnehmer werden getötet oder verwundet.

26. Mai: Die Paulskirche fordert die »tätige Mitwirkung des gesamten Volkes« am Kampf für die Reichsverfassung, sie ruft zur Bildung von bewaffneten Volkswehren auf.

Daraufhin entschließen sich weitere Abgeordnete der Mitte zum Austritt, darunter Karl Friedrich Biedermann und Karl Theodor Welcker.

27. Mai: In Reutlingen findet eine Versammlung der württembergischen Volksvereine statt, mit Abgesandten von 202 Vereinen. Diese beschließen einen Forderungskatalog an die Regierung: Unterstützung Badens und der bayerischen Pfalz, Vereidigung des Heeres und der Beamten auf die Reichsverfassung, Volksbewaffnung und politische Amnestie.

28. Mai: Eine Volksversammlung in Reutlingen, mit über 20.000 Teilnehmern, verabschiedet die Forderungen der Volksvereine vom Vortag und fügt eine Reihe radikaldemokratischer Punkte hinzu: Einberufung einer verfassunggebenden Versammlung, Abschaffung der Feudallasten ohne Entschädigung, Aufhebung der Apanagen und Pensionen, Einführung einer progressiven Einkommenssteuer, Ersetzung der bürokratischen Verwaltung durch lokale und regionale Selbstverwaltung, Abschaffung des stehenden Heeres, Einführung der Volksbewaffnung und eines Volksheeres.

Das Märzministerium Römer lehnt die Erfüllung der Forderungen ab.

30. Mai: Die Deutsche Nationalversammlung hält ihre letzte Sitzung in der Frankfurter Paulskirche ab. Von den verbliebenen 130 Abgeordneten sprechen sich 71 für eine Verlegung nach Stuttgart aus, wo man sich vor den in Mainz stationierten österreichisch-preußischen Truppen in Sicherheit glaubt.

Der Reichsverweser und das Reichsministerium bleiben, längst mit der Paulskirche entzweit, in Frankfurt; ebenso die Reste der großdeutsch-konservativen Gruppe.

In Preußen wird ein neues Wahlrecht für die Zweite Kammer verkündet. An die Stelle des allgemeinen (Männer-)Wahlrechts, nach dem die am 27. April aufgelöste Kammer gewählt wurde – ausgeschlossen waren lediglich die Bezieher von Armenunterstützung –, tritt im Zuge der Gegenrevolution nun das öffentliche und indirekte Dreiklassenwahlrecht: die Einteilung der Wähler in drei Gruppen, die nach der Höhe der direkten Steuerleistung gebildet werden.

Der Versuch der badischen Revolutionsarmee, nach Hessen-Darmstadt und Frankfurt vorzumarschieren, scheitert bereits im Ansatz. Im Gefecht von Heppenheim wird die Neckar-Armee unter Franz Sigel von hessischen Truppen in die Flucht geschlagen.

6. Juni: Nachdem 104 Abgeordnete der am 30. Mai von Frankfurt nach Stuttgart verlegten Deutschen Nationalversammlung eingetroffen sind, nimmt das »Rumpfparlament« seine Verhandlungen auf. Es setzt eine provisorische Reichsregentschaft ein, bestehend aus Franz Raveaux, Karl Vogt, Friedrich Schüler, Heinrich Simon und August Becher. Deren Aufgabe soll darin bestehen, »in allen Angelegenheiten, welche die allgemeine Sicherheit und Wohlfahrt Deutschlands betreffen, die vollziehende Gewalt zu üben«. – Doch die Reichsregentschaft bleibt ohne Wirkung, selbst die württembergische Regierung weigert sich, Anordnungen auszuführen. Auch die in Frankfurt verbliebene, nunmehr gegenrevolutionär agierende Provisorische Zentralgewalt lehnt es ab, die von der Reichsregentschaft vorgenommene Amtsenthebung als rechtsgültig anzuerkennen; sie ersucht vielmehr ihrerseits die württembergische Regierung, gegen das Rumpfparlament und seine Exekutive vorzugehen.

9. Juni: An den badisch-pfälzischen Nordgrenzen ist der Aufmarsch von preußischen Armeekorps und Reichstruppen – dem »Neckarkorps«, bestehend im wesentlichen aus Truppen von Hessen-Darmstadt, Nassau, Württemberg und Hessen-Kassel – abgeschlossen.

10. Juni: Der polnische Revolutionsführer Ludwig v. Mieroslawski wird Oberbefehlshaber der badisch-pfälzischen Truppen.

11. Juni: Reichsverweser Erzherzog Johann kündigt, von Frankfurt aus, den Einmarsch der Reichstruppen in Baden an.

13. Juni: In der bayerischen Pfalz beginnt die preußischen Intervention, unter Führung des Prinzen Wilhelm von Preußen. Die Truppen stoßen nur auf geringen Widerstand, die Volkswehren und Freischaren liefern lediglich einige Rückzugsgefechte.

14. Juni: Preußen droht Württemberg mit bewaffneter Intervention, wenn dieses nicht gegen Rumpfparlament und Reichsregentschaft vorgeht.

15. Juni: An der nordbadischen Neckarlinie beginnen Gefechte zwischen Reichstruppen (»Neckarkorps«) und der badischen Revolutionsarmee.

Die Sprengung des Stuttgarter Rumpfparlaments am 18. Juni 1849

17. Juni: Der württembergische Ministerpräsident Friedrich Römer fordert die Reichsregentschaft und das Rumpfparlament auf, Württemberg zu verlassen.

18. Juni: Das Stuttgarter Rumpfparlament, das noch 98 Abgeordnete umfaßt, wird durch württembergische Truppen aufgelöst, auf Anordnung von Friedrich Römer. Die Abgeordneten beschließen, sich am 25. Juni in Karlsruhe wieder zu versammeln, dazu kommt es jedoch wegen der Kämpfe in Baden nicht mehr.

Die pfälzische Restarmee – über 8.000 Mann – zieht sich über die Rheinbrücke bei Knielingen nach Baden zurück. Die aufständische Pfalz ist nun fast vollständig von preußischen Truppen erobert.

20. Juni: Preußische Truppen überqueren, von der Pfalz kommend, bei Rheinsheim den Rhein und marschieren in Baden ein.

21. Juni: Bei Waghäusel verliert die badische Revolutionsarmee die Entscheidungsschlacht gegen preußische Truppen und Reichstruppen.

25. Juni: Karlsruhe wird von preußischen Truppen besetzt, die provisorische Regierung zieht sich nach Freiburg zurück.

Schlacht bei Waghäusel unweit Heidelberg am 21. Juni 1849
Kapitulation der badischen Revolutionstruppen in Rastatt am 23. Juli 1849

28. Juni: Lorenz Brentano legt sein Amt in der badischen provisorischen Regierung nieder und flieht in die Schweiz.

29./30. Juni: Die badische Revolutionsarmee unterliegt auf der Höhe von Rastatt – an der Murglinie – endgültig den preußischen Truppen und den Reichstruppen.

1. Juli: Preußische Truppen beginnen mit der Belagerung der Festung Rastatt, in die sich etwa 6.000 Soldaten der badischen Revolutionsarmee zurückgezogen haben.

11./12. Juli: Die letzten Überreste der geschlagenen badischen Revolutionsarmee flüchten in die Schweiz.

23. Juli: Die in der Festung Rastatt eingeschlossenen 6.000 Mann der badischen Revolutionsarmee, seit dem 1. Juli von preußischen Truppen belagert, erklären ihre Kapitulation.

Der badische Aufstand hat ein blutiges Nachspiel. Preußische Standgerichte nehmen in Rastatt, Mannheim und Freiburg die Arbeit auf, insgesamt werden 27 Todesurteile vollstreckt. Von ordentlichen Gerichten werden fast 1.000 weitere Aufständische abgeurteilt. Bis ins Jahr 1850 bleiben preußische Truppen im

Land, erst 1852 wird der Belagerungszustand in Baden aufgehoben.

Zum Weiterlesen

Die gesamte neuere Revolutionsgeschichtsschreibung ruht auf zwei großen, materialreichen Darstellungen: *Veit Valentin, Geschichte der deutschen Revolution von 1848-1849. 2 Bde. Berlin 1930/31, ND Köln, Berlin 1977*, und das große Revolutionskapitel in *Ernst Rudolf Huber, Deutsche Verfassungsgeschichte seit 1789. Bd. II: Der Kampf um Einheit und Freiheit, 1830 bis 1850. 2. Aufl., Stuttgart 1960, ND 1975*.

Beide Werke entsprechen freilich, in ihren Interessenschwerpunkten und ihren Wertungen, den Bedürfnissen des heutigen Lesers in vielen Punkten nicht mehr. Wer einen knappen, informativen Überblick zur Revolution auf der Basis der gegenwärtigen Forschung sucht, findet diesen bei *Wolfram Siemann, Die deutsche Revolution von 1848/49. 7. Aufl., Frankfurt am Main 1997*; hier wird auch die früher vernachlässigte Basisrevolution angemessen behandelt, zudem beinhaltet der Band eine umfassende Literaturübersicht. Eine Gesamtdarstellung auf knappstem Raum bietet jetzt auch *Dieter Hein, Die Revolution von 1848/49. München 1998*. Alle wesentlichen Facetten, vom Nachleben der Revolution über ihre Zentren und charakteristischen Räume bis hin zu Sozial- und Politikgeschichte, umspannt der Essayband von *Christof Dipper/Ulrich Speck (Hrsg.), 1848. Revolution in Deutschland. Frankfurt am Main 1998.*

Alle Abbildungen: Bildarchiv Preussischer Kulturbesitz.